CHILI

COLLECTION
ROLF HEYNE

CHILI

FOTOGRAFIE VON LUZIA ELLERT
REZEPTE VON OLIVER HOFFINGER
FOODSTYLING VON GABRIELE HALPER
TEXT VON INGO SWOBODA

COLLECTION ROLF HEYNE

INHALT

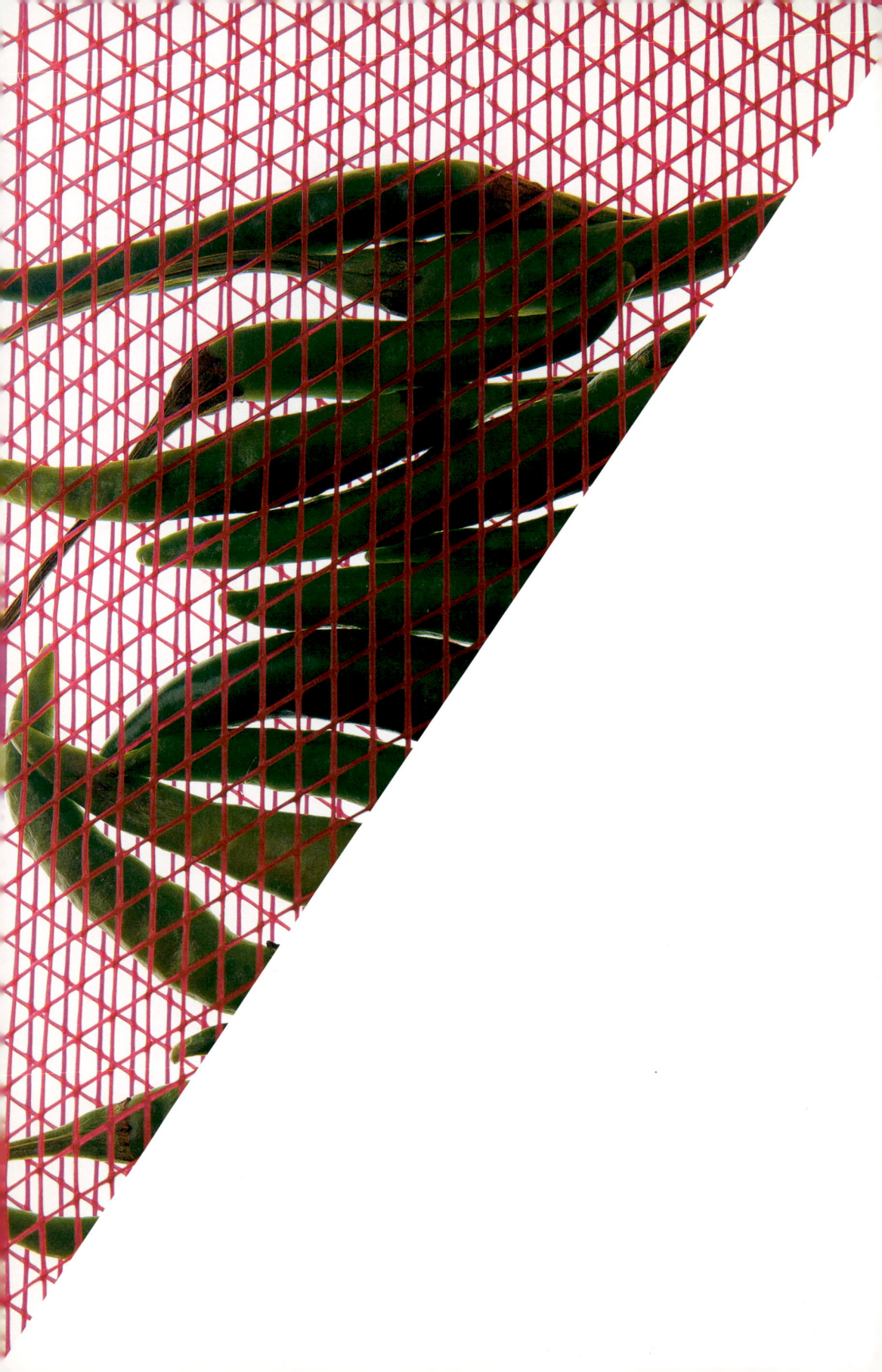

EINLEITUNG

Kein Tag ohne Gewürze, der sichere und unweigerliche Griff zum Salzstreuer oder der Einsatz einer überdimensionierten Pfeffermühle im Restaurant mit beeindruckenden rhythmischen Gesten des Personals haben fast sakralen Charakter und stehen auch für viele Gourmets noch vor dem ersten Bissen am Anfang des eigentlichen Essens, gleich einer Segnung, um das Essen mit letzter Geste über die Schwelle einer faden und bedeutungslosen Eintönigkeit zu heben. Der Griff zum dosierbaren Gewürz aus dem Streuer oder der Gewürzmühle mit der Intension der Verfeinerung und Profilierung der Speisen ist ein Ritual und damit ein rauschender Kontrapunkt zur allgegenwärtigen Fertiggewürzmischung, ein Triumph des letzten Restes an Individualität über das medienkonforme Abschmecken im Kochstudio zur besten Sendezeit und des kollektiven und konstanten Geschmacks der Fertiggerichte aus aller Welt. Würzen ist der letzte Widerstand gegen den zunehmend globalisierten Einheitsgeschmack.

Wer dabei noch selbst Hand anlegt, erfährt beim Würzen etwas Profundes, geht in die Tiefe, in die innerste Seele des Geschmacks. Würzen ist die hohe Kunst der Zubereitung von Speisen und entscheidet final über Erfolg oder Misserfolg des Kochens und des Essens. Dabei genügt oft schon eine Prise, eine Messerspitze oder auch nur ein Hauch von Aromen, um einen neuen Geschmack zu kreieren, um geschmackliche Intensität zu beeinflussen und damit fast jedes Produkt in ein feuriges, salziges, süßes oder einfach würziges Gericht zu verwandeln. Eine kulinarische Verlockung, aber auch eine herausfordernde Gratwanderung für jeden, der sich nicht auf die fade Seite des Essens schlagen muss – aus gesundheitlichen Gründen – oder möchte. Kein Wunder also, dass Gewürzen etwas Mystisches anhaftet, das derjenige, der ihre Dosierung beherrscht, wie ein Zauber das Publikum in Staunen versetzen kann.

Dazu verbirgt sich hinter der selbstverständlichen Verfügbarkeit dieser unverzichtbaren Zutaten auch eine bewegte Historie, wie kaum ein anderes Lebensmittel haben Gewürze den Lauf der Weltgeschichte stark und vor allem nachhaltig beeinflusst. Schon in der Antike spielten Gewürze eine große Rolle in der Heilkunst, wurden dazu als Konservierungsmittel eingesetzt oder dienten einer privilegierten Schicht als exotische

Geruchsträger, ähnlich einem Parfüm. Damit gehörten sie, allen voran der schwarze Pfeffer, zu den teuersten Handelsgütern und waren zeitweilig so kostbar, dass sie mit Gold aufgewogen wurden.

Arabische, venezianische, aber auch deutsche Kaufleute – wie etwa die Augsburger Fugger – wurden mit dem Gewürzhandel unermesslich reich und förderten damit auch den Kulturaustausch zwischen Orient und Abendland. Gleichzeitig gab der lukrative Gewürzhandel Anlass zu Streitigkeiten, seine Handelswege wurden oft genug von Konflikten und Kriegen unterbrochen, was die Preise weiter anstiegen ließ und Gewürze zu einer Kostbarkeit machte, die über Jahrhunderte ein Privileg der Reichen und Mächtigen war.

Auch die Entdeckung Amerikas Ende des 15. Jahrhunderts, die aus heutiger Sicht ein schlichter Navigationsfehler war, hängt unmittelbar mit dem Gewürzhandel zusammen. Denn der Zweck Christoph Kolumbus' berühmter Seereise im Jahre 1492 bestand vorrangig darin, den kürzesten Seeweg nach Indien zu finden, um der spanischen Krone einen Vorsprung vor anderen europäischen Handelsflotten zu verschaffen, die sich gerade mit dem Gewürzhandel sprichwörtlich eine »goldene Nase« verdienten. Doch Kolumbus verfehlte bekanntermaßen sein angepeiltes Ziel um Längen, machte in seiner Unwissenheit aus den ursprünglichen Amerikanern Indianer und die Karibischen Inseln zu Westindischen Inseln. Doch der Irrtum des Seefahrers hat zwei Seiten. Denn Kolumbus brachte von seinen ausgedehnten Erkundungsfahrten nicht nur die Kartoffel mit in die Alte Welt, sondern auch scharfe Chilischoten, die bis dahin in Europa gänzlich unbekannt waren. Schon deshalb konnte ein weiterer Irrtum des Seefahrers nicht auffallen, denn er hielt die Pflanzen mit den feurigen Früchten für Verwandte des aus Indien bekannten Pfeffers und bedachte sie daher mit dem Namen »Pimienta«, dem spanischen Wort für Pfeffer. Bis heute heißen die pikanten Gewürzpaprika-Sorten, international als »Chilis« bekannt, vielerorts »Spanischer Pfeffer«, ein sprachliches Souvenir, das an Kolumbus' Irrfahrten erinnert.

Nach Kolumbus' Entdeckungen in der Neuen Welt, zu denen auch Tabak, Weiße Bohnen, Truthähne, Mais, Tomaten, Piment und Vanille zählen, erlebt die christliche Seefahrt einen rasanten Aufschwung:

Portugiesen, Spanier, Holländer und Engländer stritten um die Herrschaft über die Meere und somit auch über den lukrativen Gewürzhandel, der zunehmend in Schmuggel und Piraterie verstrickt wurde. Doch den Siegeszug der Gewürze konnten auch Handelskriege und Warenblockaden nicht aufhalten, die Alte Welt verlangte nach Würze und Schärfe, Zucker und Süße und exotischen Aromen. Im 19. Jahrhundert besaß kein Land Europas mehr ein Gewürzmonopol, die Preise gingen zurück und Gewürze wurden zunehmend für jedermann erschwinglich. Heute sind Gewürze – bis auf wenige Ausnahmen – in allen Ländern der Welt erhältlich, einige sind längst internationalisiert, andere haben ihren exotischen Charakter behalten und prägen und dominieren nach wie vor den Geschmack einer Landesküche oder regionaler Gerichte.

Chilis, die mit Pfeffer und Ingwer zu den meistangebauten Gewürzen zählen, gibt es längst »all over the world«. Und das in unzähligen Varianten: von der frischen Schote bis zur Hot-Pepper-Sauce, die in vielen Ländern zum unverzichtbaren Begleiter von gegrilltem Fleisch geworden ist und in den USA sogar den klassischen Tomatenketchup als beliebteste Würzsauce verdrängt hat. Heute sind mehr als 2000 verschiedene Chilisaucen im Land der unbegrenzten Möglichkeiten und dem allgegenwärtigen BBQ zu haben, Chilifreunde und Experten veröffentlichen wie beim Wein Degustationsnotizen ihrer Lieblingssaucen im Internet. Chili (lat. *Capsicum*) ist längst zum Mega-Star unter den Gewürzen avanciert und aus den Küchen der Welt nicht mehr wegzudenken. Denn die scharfen Schoten lassen sich so vielseitig wie kein anderes Gewürz oder Gemüse verwenden.

Doch um die Früchte richtig verstehen zu können, ist es gut, ein wenig über ihre Botanik zu wissen. Chilis, auch Pfefferschoten genannt, gehören ebenso wie der verwandte Paprika zur Familie der Nachtschattengewächse. Die Pflanze hat kleine, glänzende Blätter und winzige weiße Blüten, ist frostempfindlich und bevorzugt feuchtwarme Regionen.

Indien, Mexiko, China, Japan, Indonesien und Thailand sind die wichtigsten Exportländer für Chili, ein Großteil der milden bis scharfen Schoten gehen in die Vereinigten Staaten von Amerika. Es gibt mehrere hundert Arten von Chilis, die sich durch Farbe, Größe und Schärfe unterscheiden. Reife Chilis, die zu Pulver zerstoßen die Grundlage der meisten Chilisaucen und -pasten bilden, können rot, orange, gelb oder violett sein, unreife Chilis zeichnen sich durch ihre grüne Farbe aus.

Als Faustregel gilt: Je kleiner die Chilis, desto schärfer der Geschmack und je grüner sie sind, desto milder schmecken sie. Apropos schmecken: Chilis haben relativ wenig Eigenaroma, dennoch reicht ihr Geschmack von mild bis feurig scharf. Für die Schärfe sorgt das so genannte »Capsaicin«, das sich in unterschiedlichen Mengen und je nach Art und Reifegrad in Samen, Adern und Haut der Chili findet. Will man die Schärfe etwas mildern, sollten zumindest Samen und Adern entfernt werden. Doch ihr eigentlicher Charakter liegt natürlich in der Schärfe, echte Chilifans schätzen das intensive Gefühl im Gaumen, wenn sich die Würze mit der Schärfe zu einem feurigen Geschmack vereint. Das kann die klassische Tabascosauce oder die Chilipaste ebenso sein wie das würzig scharfe Sambal, das zur indonesischen Küche gehört wie das scharfe Chiliöl zur chinesischen Küche oder die Chilisauce aus Malaysia, die mit Ingwer verfeinert ihren leicht süßlichen Geschmack erhält.

Dass es bei all diesen Varianten aus medizinischer Sicht durchaus gesund zugeht, macht den Chiligenuss zusätzlich empfehlenswert. Nur wenige Pflanzen haben eine derartig hohe Konzentration gesundheitsfördernder Inhaltsstoffe wie Paprika und Chilis. Dabei spielt der Schärfegrad kaum eine Rolle, frische Peppers enthalten – auf ihr Gewicht bezogen – rund dreimal so viel Vitamin C wie Zitrusfrüchte und sie regen vor allem den Speichelfluss und die Verdauungssäfte an.

Rote Schoten sind dazu besonders reich an wertvollem Betacarotin. Dieses Provitamin A schützt die Schleimhäute vor Infektionen, ist für gesunde Augen und die Zellvitalität zuständig. Dazu beinhalten Chilis das für den Stoffwechsel wichtige Vitamin B_6, darüber hinaus die Vitamine B_1 und B_2, B_{12} und als einzige Gemüseart in nennenswertem Umfang das Vitamin P. In kleineren Mengen finden sich in den Schoten die Mineralstoffe Kalium, Calcium, Magnesium, Phosphor und Zink.

Dennoch ist Vorsicht geboten: In großen Mengen genossen sind Chilis ein Reizgift, das Magen und Darm angreifen kann. Doch mit Bedacht als würzige Zutat eingesetzt, bieten die verschiedenen Schärfegrade der Chilis eine breite Geschmackspalette und vor allem den notwendigen Pep, um aus relativ faden Produkten feurig heiße Gerichte zu zaubern.

ES MUSS JA NICHT IMMER PFEFFER UND SALZ SEIN.

Chili ist nicht gleich Chili, und Schärfe allein bringt noch keine Würze ins Essen. Neben der geschickten Dosierung kommt es vor allem auf den Einsatz des passenden Chilis an. Aber welcher Chili darf es denn sein? Immerhin gibt es hunderte von verschiedenen Sorten, die scharfen Schoten sind heute in einer erstaunlich bunten Vielfalt rund um die Welt zu finden. Innerhalb dieser globalen Chiliauswahl gibt es einige Klassiker, die sich zur Verfeinerung einer schmackhaften Scharfschmeckerküche besonders eignen und auch in europäischen Breiten relativ einfach zu erhalten sind.

Einer davon ist der so genannte »Anaheim« oder »New Mexican«, ein relativ früh blühender Chili mit großen Schoten, die lange grün bleiben, letztendlich aber – wie die meisten Sorten – rot abreifen. Wegen seiner relativ großen Hohlräume und des leicht entfernbaren Innenlebens eignet sich dieser fleischige Pepper zum Füllen, getrocknet und zu Pulver vermahlen; so wird aus »Anaheim« oder »New Mexican« die klassische »New Mexican Red Chile Sauce« frisch zubereitet.

Seinen Namen hat er von der Hauptstadt von Französisch-Guayana in Südamerika, doch heute kommen die meisten der schlanken, dünnwandigen grünen oder roten Schoten aus Mexiko. Neben der beißenden Schärfe verfügt der »Cayenne« auch über leicht rauchige Geschmacksnoten, der größte Teil der Cayenneproduktion wird zu Pulver vermahlen und kommt als »Red Pepper« oder »Cayennepfeffer« auf den Markt. In dünne Ringe geschnitten, eignen sich frische grüne oder rote Schoten als »Scharfmacher« in Salaten, Salsas und Dips, aber auch als schmackhafte Würze für Seafood-Gerichte oder auf der pikanteren Pizza.

Der Name bringt es auf den Punkt, ohne den »Thai-Chili« läuft in der asiatischen Küche nur wenig. Allerdings nur wenn es scharf sein soll, denn die schlanken grünen oder roten Schoten haben es in sich. Thai bekommt man relativ frisch in den Gemüseabteilungen der Supermärkte und natürlich im Asia-Shop.

Milder schmecken dagegen »Cherry« oder »Kirsch-paprika«, deren runde, fleischige Schoten an Cherry-Tomaten erinnern und die ursprünglich aus Ungarn stammen. Mit ihrem leicht säuerlichen Geschmack eignen sie sich zum Einlegen in Essig, aber auch zum Füllen mit gehackten Pilzen oder Frischkäse. Vorsicht: Als »Red Cherry Hot« oder »Cherry Bomb« existiert diese Sorte auch in einer beißend scharfen Variante.

SCHARFE BASIS

C001
Chilisalsa

C002
Chiliöl

C003 **Chilibrot**

C004
Chilisauce

C005
Chilipasta

SCHARFE BASIS

C001 CHILISALSA

Zutaten

4 frische rote Chilis

2 EL Olivenöl

2 mittelgroße Zwiebeln, gehackt

2 Knoblauchzehen

3 TL Tomatenmark

1 TL getrockneter Oregano

2 TL Paprikapulver, scharf

1 TL Kristallzucker

100 ml trockener Rotwein

Salz

1   Die Chilischoten längs aufschneiden und von den Kernen befreien. Die entkernten Schoten etwa eine Stunde in kaltem Salzwasser einweichen. Das Wasser in dieser Zeit drei Mal wechseln.

2   Die Schoten herausnehmen und in feine Streifen schneiden.

3   Das Olivenöl in einer Pfanne erhitzen, darin die Zwiebeln und den durchgepressten Knoblauch anbraten, bis sie goldbraun sind.

4   Die Chilischoten dazugeben und die Zwiebeln ca. 15 Minuten weich dünsten.

5   Das Tomatenmark, den Oregano, das Paprikapulver, den Zucker und den Rotwein hinzufügen. Die Salsa weitere 10 Minuten köcheln lassen, bis eine cremige Salsa entsteht. Die Salsa nach Belieben mit Salz abschmecken.

C002 CHILIÖL

Zutaten für 4 Personen

10 getrocknete Chilischoten

¼ l Olivenöl

¼ l Sonnenblumenöl

1   Die Chilischoten der Länge nach aufschlitzen und mit den Ölen vermischen.

2   Das Chiliöl in eine luftdicht verschließbare Flasche füllen und an einem kühlen, dunklen Ort aufbewahren.

T003 CHILIBROT

Zutaten für 4 Personen

3 TL Chiliflocken
250 g glattes Weizenmehl
250 g Roggenmehl (Vollkorn)
3 TL Salz
7 g Trockenhefe
450 ml lauwarmes Wasser

1 Die trockenen Zutaten mischen.

2 Das Wasser unterrühren, bis ein elastischer Teig entsteht. Den Teig bedecken und an einem kühlen Ort gehen lassen, bis er sein Volumen verdoppelt hat.

3 Den Teig zu einem Laib formen, in eine gefettete Brotbackform füllen und mit Mehl bestäuben. Abdecken, an einem kühlen Ort weitere 1,5 Stunden gehen lassen.

4 Den Teig im auf 220°C vorgeheizten Backofen (Ober-/ Unterhitze) 15 Minuten backen. Dann die Hitze auf 200°C reduzieren und das Brot in 25 bis 30 Minuten fertig backen.

C004 CHILISAUCE

Zutaten für 4 Personen

4 Chilischoten
2 Frühlingszwiebeln
6 EL Sesamöl
2 EL Sherry (trocken)

1 Die Chilischoten entkernen und von den Scheidewänden befreien. Die Frühlingszwiebel würfeln.

2 Die Chili mit den Zwiebelwürfeln, dem Sesamöl und dem Sherry in den Mixer geben und zu einer glatten Sauce pürieren.

C005

Zutaten für ca. 500 g Nudelteig

400 g doppelgriffiges italienisches Hartweizenmehl (Semola di grano duro)

1 EL Chilipulver

200 ml Wasser

1 TL Salz

1 Die Zutaten miteinander vermischen und mit den Händen gründlich zu einem glatten, kompakten Teig verkneten. Ist er zu fest, tropfenweise Wasser zufügen. Ist er zu weich, löffelweise Mehl zufügen. Den Teig zu einer Kugel formen, in Frischhaltefolie wickeln und etwa 1 Stunde ruhen lassen.

2 Den Teig auf einer bemehlten Arbeitsfläche mit dem Nudelholz oder in einer Nudelmaschine dünn ausrollen. Die Teigplatten kurz antrocknen lassen, dann mit einem Messer oder einem gezackten Teigrädchen in Streifen schneiden.

3 Die Nudeln am besten ganz frisch verwenden und in reichlich sprudelndem Salzwasser al dente kochen. Die Garzeit richtet sich nach der Größe und Dicke der Pasta und beträgt etwa 1 bis 3 Minuten.

SUPPEN & VORSPEISEN

C010
Rote Zwiebelsuppe
mit Chili-Crostini

C018
Brotsuppe von Ciabatta
mit Salbei und Chili

C015
Limetten-Rucola-Suppe
mit Chili-Jakobsmuscheln

C029 Neu-Wiener Rindfleischsalat
(Tafelspitz mit Estragonessig, roten Zwiebeln
und Chiliöl)

C026
Salat vom Thaispargel
mit Chili-Paprika und Chinakohl

C021
Salat von Ciabatta, Ziegenfrischkäse
und Chili-Peperonata

SUPPEN & VORSPEISEN

C006 Korianderschaumsuppe mit Chili-Tuna

C007 Geeiste Granny-Smith-Suppe mit Schweinefilet
aus der Chilimarinade

C008 Butternuss-Kürbisschaumsuppe mit Kürbiskern-Chili-Pesto

C009 Weiße Tomatensuppe mit roten Chilitomaten,
Mozzarella und Basilikum

C010 Rote Zwiebelsuppe mit Chili-Crostini

C011 Selleriecremesuppe mit Pinoli und brauner Chilibutter

C012 Klare Kokos-Hühnersuppe mit Ingwer-Wantan

C013 Rote Curry-Chili-Suppe mit Spinat-Seezungen-Rolle

C014 Kalte Joghurtsuppe mit Chili-Eisbein

C015 Limetten-Rucola-Suppe mit Chili-Jakobsmuscheln

C016 Klare Wildschweinconsommé mit Wacholder-Chili-Nockerln

C017 Chili-Bouillabaisse

C018 Brotsuppe von Ciabatta mit Salbei und Chili

C019 Krebs-Bisque mit Kerbel-Chili-Maultaschen

C020 Kartoffelschaumsuppe mit Petersilie und Chili

C021 Salat von Ciabatta, Ziegenfrischkäse und Chili-Peperonata

C022 In Chili gebratenes Perlhuhn mit Preiselbeeren und
Pumpernickel

C023 Gebrannte Chilicreme mit Mango und Koriander

C024 Papaya-Salat mit Chicorée und Limetten-Chili-Marinade

C025 Salatröllchen mit Chili-Gemüsereis

C026 Salat vom Thaispargel mit Chili-Paprika und Chinakohl

C027 Chili-Graved-Lachs mit eingelegten Limetten und Honig

C028 Gebratene Gänseleber mit Ahornsirup-Chili-Schokosauce
und Marillen

C029 Neu-Wiener Rindfleischsalat (Tafelspitz mit Estragonessig,
roten Zwiebeln und Chiliöl)

C030 Bohnen-Chili-Püree mit Kerbel-Garnelen und Radicchio

C031 Erbsen-Pfefferminzschaum mit Chili-Kaninchen

C035
Knuspriges
Sesam-Ei mit
süß-saurer
Marinade

C032
Rosa Seeteufel-
Nockerl in Chili-
Gurken-Fond

C041
Yam Talay
(scharfer Meeresfrüchtesalat
mit Chilis nach
thailändischer Art)

C036
Geeistes Avocadoparfait
mit Hummer
in Chili und Knoblauch
gebraten

C006 KORIANDERSCHAUMSUPPE MIT CHILI-TUNA

Zutaten für 4 Personen

1 Zwiebel

Olivenöl

2 EL Korianderkörner

250 ml trockener Weißwein

1 l Gemüsefond

250 ml flüssige Sahne

4 Scheiben Tunfisch (Tuna) à 50 g

1 frische Thai-Chili

Salz

2 EL Sesamöl

2 EL Sojasauce

4 EL gehackter Koriander

4 EL kalte Butter

1   Die Zwiebel schälen und in kleine Würfel schneiden.

2   Das Olivenöl in einem Topf erhitzen und die Zwiebelwürfel darin farblos anbraten.

3   Die Korianderkörner dazugeben, kurz erhitzen und mit Weißwein ablöschen.

4   Die Zwiebelmischung mit Gemüsefond aufgießen und im offenen Topf 20 Minuten köcheln lassen.

5   Die Sahne in den Fond rühren und aufmixen.

6   Die Tunfischscheiben in eine Schüssel geben und mit der gehackten Chilischote, Salz, Sesamöl und Sojasauce würzen. 10 Minuten marinieren lassen.

7   Den gehackten Koriander in die Suppe geben, mit Salz würzen und mit der Butter aufmixen.

8   Die Tunfischscheiben in Suppenteller geben und mit der aufgeschäumten, heißen Suppe übergießen.

C007 GEEISTE GRANNY-SMITH-SUPPE MIT SCHWEINEFILET AUS DER CHILIMARINADE

Zutaten für 4 Personen

1 frische Sandia-Chili
1 TL Kreuzkümmel
1 Knoblauchzehe
Meersalz
4 EL Olivenöl
300 g Schweinefilet
8 Granny-Smith-Äpfel
1 Limette

1 Die Chilischote entkernen, fein hacken und mit dem Kümmel, gehacktem Knoblauch, Meersalz in 1 EL Olivenöl erhitzen.
2 Das küchenfertig vorbereitete Schweinefilet in der Chilimarinade scharf anbraten.
3 Das Chilifilet im auf 200°C vorgeheizten Backofen (Ober-/Unterhitze) je Zentimeter Fleischdicke 10 Minuten garen.
4 In der Zwischenzeit die gekühlten, ungeschälten Äpfel durch den Entsafter geben und mit dem Saft einer Limette verrühren.
5 Die Apfelsuppe in gekühlte Suppenteller geben.
6 Das Schweinefilet aus dem Backofen nehmen und 2 Minuten ruhen lassen.
7 Das Filet aufschneiden und auf die Suppenteller verteilen. Die Suppen mit dem restlichen Olivenöl beträufeln.

C008 BUTTERNUSS-KÜRBISSCHAUMSUPPE MIT KÜRBISKERN-CHILI-PESTO

Zutaten für 4 Personen

400 g Butternusskürbis
1 Zwiebel
3 EL Olivenöl
10 g Butter
250 ml trockener Weißwein
250 ml Gemüsefond
250 ml flüssige Sahne
Salz
1 EL gehackter Majoran
50 g Kürbiskerne
1 frische Thai-Chili
20 ml Kürbiskernöl
100 ml Sonnenblumenkernöl

C009

1 Den Kürbis schälen und entkernen. Das Kürbisfleisch in kleine Würfel schneiden.

2 Das Olivenöl und die Butter zusammen in einem Topf erhitzen. Die geschälte, gewürfelte Zwiebel darin farblos anschwitzen.

3 Den Kürbis dazugeben und 10 Minuten schmoren lassen, dabei darauf achten, dass er nicht anbräunt.

4 Das Kürbisfleisch mit Weißwein ablöschen und mit Gemüsefond aufgießen. Die Suppe im geschlossenen Topf kochen, bis der Kürbis weich ist.

5 Die Sahne zu der Suppe geben, mit Salz und Majoran würzen, aufmixen.

6 Die gehackten Kürbiskerne mit der gehackten Chilischote und den beiden Ölen vermengen. Alles mit einem Stabmixer mixen und mit Salz abschmecken.

7 Die Suppe durch ein grobes Sieb passieren und mit dem Kürbiskern-Chili-Pesto servieren.

C009 WEISSE TOMATENSUPPE MIT ROTEN CHILITOMATEN, MOZZARELLA UND BASILIKUM

Zutaten für 4 Personen

2 kg reife Tomaten
1 l Gemüsefond
250 ml flüssige Sahne
Salz
2 EL weißer Aceto balsamico
1 frische rote Jalapeño-Chili
250 g Cocktailtomaten
1 EL Puderzucker
500 g Büffelmozzarella
8 Blätter Basilikum

1 Die Tomaten von den Stielansätzen befreien, kreuzförmig einschneiden, mit kochendem Wasser überbrühen und häuten. Die gehäuteten Tomaten mit dem Gemüsefond pürieren. Das Püree durch ein Küchentuch passieren.

2 Den aufgefangenen klaren Tomatensaft auf die Hälfte der Menge einkochen.

3 Die Sahne zu der Tomatensuppe geben, mit Salz und Balsamicoessig würzen.

4 Die Chilischote entkernen und fein hacken.

5 Die Cocktailtomaten auf ein mit Backpapier bedecktes Backblech legen. Die Cocktailtomaten mit den Chilischoten und etwas Salz bestreuen, ein wenig Puderzucker darübergeben.

6 Die Cocktailtomaten im auf 150°C vorgeheizten Backofen (Ober-/Unterhitze) 15 Minuten braten.

7 Den Mozzarella in Scheiben schneiden, in Suppentellern anrichten. Die heiße, aufgeschäumte Suppe dazugeben und mit den Cocktailtomaten und dem Basilikum garnieren.

C010 ROTE ZWIEBELSUPPE MIT CHILI-CROSTINI

Zutaten für 4 Personen

8 rote Zwiebeln
5 EL Olivenöl
1 EL gehackter Thymian
250 ml trockener Rotwein
250 ml roter Portwein
1 l Gemüsefond
4 Scheiben Schwarzbrot (am besten Zwiebelbrot)
4 EL Frischkäse
100 g frisch geriebener Parmesan
1 Peperoni
Salz
schwarzer Pfeffer
Muskat
2 EL Schnittlauchröllchen

1 Die Zwiebeln schälen und in feine Streifen schneiden.

2 1 EL Olivenöl in einem Topf erhitzen, darin die Zwiebeln und den Thymian anschwitzen, bis sie glasig sind.

3 Die Zwiebeln mit Rotwein und Portwein aufgießen und die Flüssigkeit auf die Hälfte einkochen.

4 Den Gemüsefond aufgießen, alles zusammen weitere 10 Minuten kochen.

5 Die Brotscheiben in dem restlichen Olivenöl knusprig braten.

6 Den Frischkäse mit dem geriebenen Parmesan und der gehackten Peperoni vermengen.

7 Den Chili-Frischkäse auf die Brotscheiben streichen und im vorgeheizten Backofen unter dem Grill schmelzen lassen.

8 Die Suppe mit Salz, Pfeffer und Muskat würzen, auf Suppenteller verteilen und mit den Crostini anrichten.

9 Die Suppe und die Crostini mit Schnittlauch dekorieren.

C011 SELLERIECREMESUPPE MIT PINOLI UND BRAUNER CHILIBUTTER

Zutaten für 6 Personen

1 Zwiebel
Olivenöl
150 g Butter
1 Knollensellerie à ca. 200 g
250 ml trockener Weißwein
1 l Gemüsefond
250 ml flüssige Sahne
Salz
Muskat
1 frische Thai-Chili
4 EL Pinienkerne (Pinoli)

1 Die Zwiebel schälen und würfeln. Das Olivenöl und 10 g Butter in einem Topf erhitzen, die Zwiebelwürfel darin anschwitzen.
2 Den geschälten und in Würfel geschnittenen Sellerie in den Topf geben und das Gemüse 10 Minuten schmoren lassen, ohne es zu bräunen.
3 Das Gemüse mit Weißwein ablöschen und mit Gemüsefond aufgießen. Kochen lassen, bis der Sellerie weich ist.
4 Die Sahne zu der Selleriecreme geben und alles mit Salz und Muskat würzen.
5 Die restliche Butter in einer Pfanne braun werden lassen, die gehackte Chilischote und die Pinoli dazugeben. Einmal durchschwenken, salzen.
6 Die Suppe aufmixen und mit den Butterpinoli servieren.

C012 KLARE KOKOS-HÜHNERSUPPE MIT INGWER-WANTAN

Zutaten für 4 Personen

1 Suppenhuhn
1 Zwiebel
1 frisches Lorbeerblatt
2 Karotten
2 rote Cayenne-Chilis
100 g Kokosflocken
Salz
50 g eingelegter Ingwer
60 ml trockener Sherry
8 Wantanblätter (erhältlich im Asia-Laden)
1 Eiweiß
neutrales Pflanzenöl zum Frittieren

C013

1. Das Suppenhuhn zerteilen und enthäuten, in einen großen Topf geben und mit kaltem Wasser bedecken und erhitzen.
2. Die halbierte, ungeschälte Zwiebel und das Lorbeerblatt in die Suppe geben.
3. Die Karotten schälen und ganz in die Suppe geben.
4. Die Hühnersuppe aufkochen, den Schaum abschöpfen.
5. Die Chilischoten halbieren und in die Suppe geben.
6. Nach 1 Stunde Kochzeit das Huhn und das Gemüse sowie das Lorbeerblatt und die Chilischotenhälften aus der Suppe nehmen. Die Kokosflocken in die Suppe geben und mit Salz würzen.
7. Etwa 100 g des gekochten Hühnerfleisches fein hacken. Mit dem Ingwer, dem Sherry und einer der gekochten, klein gewürfelten Karotten vermischen und salzen. Kalt stellen.
8. Die Wantanblätter mit der Hühnerfleisch-Mischung belegen, dabei rundum einen Rand frei lassen. Den Rand der Blätter mit Eiweiß bestreichen, die Blätter blütenartig zusammenfalten und in der Tiefkühltruhe kurz anfrieren (10 Minuten).
9. Das Pflanzenöl erhitzen und die Wantantaschen darin knusprig frittieren.
10. Die Suppe nochmals erhitzen, durch ein Sieb gießen und mit dem Wantan servieren.

C013 ROTE CURRY-CHILI-SUPPE MIT SPINAT-SEEZUNGEN-ROLLE

Zutaten für 6 Personen

Für die Röllchen

10 Seezungenfilets

100 g Blattspinat

Salz

1 Eiweiß

250 ml flüssige Sahne

30 ml Noilly Prat

Für die Suppe

2 Zwiebeln

2 mehlige Kartoffeln

2 EL Sesamöl

2 frische rote Jalapeño-Chilis

3 EL Tomatenmark

750 ml Gemüsefond

250 ml flüssige Sahne

250 ml Kokosmilch

Salz

1 Limette

1   4 Seezungenfilets klein schneiden und kalt stellen.

2   Den Blattspinat putzen, verlesen, waschen, kurz in Salzwasser blanchieren und in Eiswasser abschrecken. Trocken tupfen.

3   Die gekühlten, klein geschnittenen Fischfilets mit dem Eiweiß, Salz, der eiskalten Sahne und dem Noilly Prat zu einer Farce mixen.

4   Die 6 ganzen Filets nebeneinanderlegen, mit der Farce bestreichen und mit dem Spinat belegen. Zu Röllchen drehen.

5   Die Zwiebeln und die Kartoffeln schälen und in kleine Würfel schneiden.

6   Das Sesamöl in einem Topf erhitzen, die Zwiebel- und Kartoffelwürfel darin anschwitzen. Die entkernten Chilischoten und das Tomatenmark dazugeben, mit Gemüsefond aufgießen.

7   Die Suppe 10 Minuten im offenen Topf kochen.

8   Die Sahne und die Kokosmilch zu der Suppe geben, einmal aufkochen. Pürieren und durch ein feines Sieb passieren. Mit Salz abschmecken.

9   Die Seezungenröllchen auf Suppenteller verteilen. Mit kochender Suppe übergießen und die Teller mit Klarsichtfolie abdecken.

10   Die Seezungenröllchen 5 Minuten ziehen lassen, dann mit Limettenspalten garniert servieren.

C014 KALTE JOGHURTSUPPE MIT CHILI-EISBEIN

Zutaten für 4 Personen

2 EL flüssiger Honig
Salz
1 frische rote Thai-Chili
1 gepökeltes Eisbein à ca. 300 g
500 g Naturjogurt
100 g Buttermilch
1 Limette
1 EL gehackte Petersilie

1   Den Honig mit Salz und der gehackten Chilischote verrühren, das Eisbein damit einreiben.

2   Das Eisbein im auf 120°C vorgeheizten Backofen ca. 40 Minuten durchgaren. Mit einer langen Fleischgabel prüfen, ob es weich ist.

3   Den Joghurt mit der Buttermilch, dem Saft der Limette und Salz glatt rühren und kalt stellen.

4   Das Eisbein aus dem Backofen nehmen und in feine Scheiben schneiden.

5   Das Eisbein in der kalten Suppe anrichten und mit der Petersilie garnieren.

Zutaten für 4 Personen

1 weiße Zwiebel
2 EL Olivenöl
120 ml trockener Weißwein
500 ml Fischfond
120 ml flüssige Sahne
4 Jakobsmuscheln
1 frische rote Thai-Chili
4 Limetten
3 Handvoll Rucola
Salz
½ EL schwarzer Pfeffer
einige unbehandelte Limettenzesten

1   Die Zwiebel schälen und in Würfel schneiden.

2   1 EL Olivenöl in einem Topf erhitzen, die Zwiebelwürfel darin farblos anschwitzen. Die Zwiebeln mit Weißwein ablöschen.

3   Die Zwiebel-Weißwein-Mischung mit Fischfond aufgießen, 15 Minuten einkochen. Dann die Sahne zufügen und kurz aufkochen.

4   In einer Pfanne 1 EL Olivenöl erhitzen, die halbierte Chilischote darin kurz anbraten, aus der Pfanne nehmen.

5   Die Jakobsmuscheln salzen, dann im Chilibratensatz von jeder Seite 1 Minute braten.

6   Den Saft der Limetten zu der Suppe geben und mit dem Rucola aufmixen. Mit Salz und Pfeffer würzen.

7   Die Limetten-Rucola-Suppe in Suppentellern anrichten. Je eine Jakobsmuschel dazugeben und mit Limettenzesten und etwas gehacktem Chili garnieren.

C016 KLARE WILDSCHWEINCONSOMMÉ MIT WACHOLDER-CHILI-NOCKERLN

Zutaten für 4 Personen

1 kg Wildschweinparüren
2 Karotten
1 Zwiebel
1 Selleriestange
1 frisches Lorbeerblatt
10 Wacholderbeeren
125 ml weißer Portwein
Salz

250 g Speisequark (20 % Fett)
1 frische rote Thai-Chili
1 Ei
1 EL Speisestärke
1 EL glattes Weizenmehl

1 Die Parüren in einen Topf geben, mit kaltem Wasser zustellen und langsam zum Kochen bringen. Den Eiweißschaum abschöpfen.

2 Die Karotten und die Zwiebel schälen und grob würfeln. Die Selleriestange putzen und in Stücke schneiden.

3 Das Gemüse, das Lorbeerblatt und 5 Wacholderbeeren in die Suppe geben. 1 Stunde bei geringer Hitze köcheln lassen.

4 Die Parüren, das Gemüse und die Gewürze vorsichtig aus der Suppe schöpfen. Die Suppe mit Portwein und Salz würzen.

5 Den Speisequark mit Salz, den restlichen im Mörser zerstoßenen Wacholderbeeren und der fein gehackten Chilischote verrühren.

6 Das Ei, die Speisestärke und das Mehl in den Quark rühren.

7 Von der Quarkmasse kleine Nockerln abstechen, diese in kochendem Salzwasser 4 Minuten pochieren.

8 Die Suppe durch ein feines Sieb gießen und mit den Nockerln servieren.

C017 CHILI-BOUILLABAISSE

Zutaten für 4 Personen

1 küchenfertiger Knurrhahn, ca. 250–300 g
1 küchenfertige Rotbarbe, ca. 250–300 g
1 küchenfertiger St. Pierre, ca. 250–300 g
100 g ungeschälte Crevetten
200 g Miesmuscheln
5 EL Olivenöl
Salz
schwarzer Pfeffer
1 Zwiebel
1 Fenchelknolle
2 Knoblauchzehen
1 unbehandelte Orange
4 Zweige Thymian
2 frische Lorbeerblätter
2 frische rote Jalapeño-Chilis
1 Kapsel Safranfäden

2 EL Tomatenmark
5 EL Noilly Prat
250 ml trockener Weißwein
600 g Tomaten
Salz

1   Die Köpfe von Knurrhahn, Rotbarbe und St. Pierre abschneiden, die Fischfilets von den Mittelgräten lösen. Die Köpfe und Gräten beiseitelegen. Alls Fischfilets in 4 cm große Stücke schneiden.

2   Die Crevetten aus der Schale lösen. Die Schalen beiseitelegen.

3   Die Miesmuscheln unter fließendem kaltem Wasser gründlich abbürsten und die Barten entfernen. Achtung: Offene Muscheln, die sich nach leichtem Klopfen nicht schließen, sind ungenießbar und müssen weggeworfen werden.

4   Die Fischreste mit den Crevettenschalen in einen großen Topf geben und mit 2 l kaltem Wasser bedecken. Den Fond ca. 30 Minuten leicht wallend köcheln lassen, dabei immer wieder den Schaum abschöpfen.

5   Den Fischfond durch ein Sieb in einen zweiten Topf gießen.

6   Die Hälfte des Olivenöls in einer beschichteten Pfanne erhitzen. Darin die Fischfilets kurz anbraten, mit Salz und Pfeffer würzen und aus der Pfanne nehmen.

7   Die geschälte Zwiebel und den Fenchel fein würfeln. Den Knoblauch schälen und sehr fein hacken. Das restliche Olivenöl im Bratensatz des Fischs erhitzen. Darin die Zwiebel, den Fenchel, den Knoblauch und die Orangenschale anschwitzen. Den Thymian, den Lorbeer, den Chili und den Safran hinzufügen. Das Tomatenmark hineinrühren.

8   Die Gemüse-Gewürz-Mischung mit dem Noilly Prat ablöschen, dann mit dem Weißwein und 1,5 l des Fischfonds auffüllen. Die Bouillabaisse ca. 30 Minuten köcheln lassen.

9   Die Stielansätze der Tomaten wegschneiden, die Haut der Tomaten kreuzförmig einschneiden. Die Tomaten überbrühen, in kaltem Wasser abschrecken, enthäuten und von den Kernen befreien. Das Tomatenfleisch würfeln. Die Tomatenwürfel, die Fischfilets, die Crevetten und die Miesmuscheln in die Bouillabaisse geben und alles im geschlossenen Topf 5 Minuten ziehen lassen. Achtung: Miesmuscheln, die jetzt noch geschlossen sind, sind ungenießbar und müssen weggeworfen werden.

10   Die Chili-Bouillabaisse mit Salz abschmecken, in tiefen Suppentellern anrichten und servieren.

C018 BROTSUPPE VON CIABATTA MIT SALBEI UND CHILI

Zutaten für 4 Personen

2 Zwiebeln

3 EL Olivenöl

2 Knoblauchzehen

1 frische rote Cubanelle-Chili

4 Blätter Salbei

125 ml weißer Portwein

2 Scheiben Roggenbrot

2 Scheiben Ciabattabrot

1 l Hühnerfond

2 EL weißer Aceto balsamico

Salz

schwarzer Pfeffer

4 EL Crème fraîche

1 Die Zwiebeln schälen und in Würfel schneiden. Das Olivenöl in einem Topf erhitzen, die Zwiebelwürfel darin anschwitzen.

2 Den geschälten Knoblauch und die entkernte Chilischote klein hacken und zu den Zwiebeln geben und braun rösten.

3 Den Salbei dazugeben, kurz erhitzen und mit Portwein ablöschen.

4 Die Brote grob würfeln und dazugeben, alles mit dem heißen Hühnerfond aufgießen.

5 Die Suppe so lange kochen, bis sich die Brotstücke aufgelöst haben.

6 Die Brotsuppe mit Balsamicoessig, Salz und Pfeffer würzen und mit einem Klecks Crème fraîche servieren.

C019 KREBS-BISQUE MIT KERBEL-CHILI-MAULTASCHEN

Zutaten für 6 Personen

2 kg Flusskrebse

Salz

2 EL Olivenöl

1 Zwiebel

1 Knoblauchzehe

1 EL Tomatenmark

125 ml Cognac

125 ml flüssige Sahne

100 g Crème double

1 frische rote Thai-Chili

1 Handvoll Kerbelspitzen

1 Zitrone

Für den Teig

250 g doppelgriffiges Weizenmehl

Salz

2 Eier

1. Die Flusskrebse 5 Minuten in reichlich sprudelnd kochendem Salzwasser kochen, aus dem Wasser nehmen und in Eiswasser abschrecken. Von dem Kochwasser 1,5 l abnehmen und beiseitestellen.

2. Das Krebsfleisch aus den Schalen brechen und beiseitestellen.

3. Das Olivenöl in einem Topf erhitzen, die Krebsschalen darin anrösten. Die geschälte und in Würfel geschnittene Zwiebel und Knoblauchzehe dazugeben und kurz mitrösten. Das Tomatenmark unterrühren und mit Cognac ablöschen.

4. Alles mit dem Krebsfond aufgießen und 20 Minuten köcheln lassen.

5. In der Zwischenzeit für den Teig das Mehl mit Salz und den Eiern vermengen, 5 Minuten kräftig durchkneten.

6. Den Teig 15 Minuten ruhen lassen.

7. Für die Füllung die Krebsschwänze hacken, mit den gehackten Kerbelspitzen und der gehackten Chilischote vermengen. Mit dem Saft der Zitrone und Salz abschmecken. Die Füllung in einen Spritzbeutel geben.

8. Den Teig in der Nudelmaschine dünn ausrollen und auf eine bemehlte Fläche legen.

9. Auf das untere lange Ende der Teigplatte die Füllung geben, den Teig wie einen Strudel einrollen.

10. Die Rolle mit einem Kochlöffel in kleine Maultaschen teilen (einfach zusammendrücken). An den Druckstellen mit einem Messer durchschneiden.

11. Die Suppe durch ein feines Sieb passieren, salzen, Sahne und Crème double dazugeben und schaumig aufmixen.

12. Die Maultaschen in kochendem Salzwasser pochieren und in der aufgeschäumten Suppe servieren.

C020 KARTOFFELSCHAUMSUPPE MIT PETERSILIE UND CHILI

Zutaten für 4 Personen

4 große mehlige Kartoffeln

2 weiße Zwiebeln

2 frische rote Pimento-Chilis

2 EL Olivenöl

1 l Gemüsefond

Salz

weißer Pfeffer

Muskat

½ Zitrone

4 EL Butter

125 ml Crème double

4 EL gehackte Petersilie

1 Kartoffeln und Zwiebeln schälen und in kleine Würfel schneiden. Die Chilischoten entkernen und fein hacken.

2 Das Olivenöl in einem Topf erhitzen, Kartoffeln, Zwiebeln und Chili darin anschwitzen, ohne dass sie Farbe annehmen.

3 Das Gemüse mit Gemüsefond aufgießen und im geschlossenen Topf kochen, bis die Kartoffeln weich sind.

4 Die Suppe mit Salz, Pfeffer, Muskat und Zitronensaft würzen.

5 Die Butter und die Crème double hinzufügen und mit einem Stabmixer aufschäumen. Die Kartoffelschaumsuppe mit Petersilie bestreut servieren.

C021 SALAT VON CIABATTA, ZIEGENFRISCHKÄSE UND CHILI-PEPERONATA

Zutaten für 4 Personen

16 dünne Scheiben Ciabatta

6 EL Olivenöl

2 Knoblauchzehen

2 rote Paprikas

2 gelbe Paprikas

2 Kirschpaprikas (Cherrybomb Chilis)

2 EL gehackte getrocknete Tomaten

Saft von 2 Limetten

Salz

grober schwarzer Pfeffer

200 g Ziegenfrischkäse (Ziegenrolle)

2 EL Schnittlauchröllchen

1 Die Brotscheiben mit etwas Olivenöl beträufeln, mit einer halbierten Knoblauchzehe einreiben und im auf 190 °C vorgeheizten Backofen goldbraun rösten.

2 Die Paprikas vierteln, von Scheidewänden und Kernen befreien, mit der Hautseite nach oben auf ein Backblech legen und bei Oberhitze rösten.

3 Die Paprikas, sobald die Haut Blasen wirft und schwarz wird, aus dem Backofen nehmen und mit einem feuchten Küchentuch abdecken.

4 Die abgekühlten Paprikas häuten.

C021

5 Die zweite Knoblauchzehe fein hacken. 2 EL Olivenöl in einem Topf erhitzen. Darin den gehackten Knoblauch mit den geschnittenen Kirschpaprikas leicht andünsten.

6 Die in gleich große Stücke geschnittenen Paprikas zum Knoblauch-Chili-Gemisch geben, die getrockneten Tomaten hinzufügen und den Limettensaft aufgießen.

7 Die Peperonata salzen, pfeffern und mit 1 EL Olivenöl abschmecken. Dann umrühren und 30 Minuten ziehen lassen.

8 Die Brotscheiben in kleine Stücke brechen und mit dem in Scheiben geschnittenen Ziegenkäse anrichten. Die Peperonata darüber verteilen und mit Schnittlauchröllchen dekorieren.

C022 IN CHILI GEBRATENES PERLHUHN MIT PREISELBEEREN UND PUMPERNICKEL

Zutaten für 4 Personen

4 Perlhuhnbrüste
Salz
schwarzer Pfeffer
2 frische rote Jalapeño-Chilis
1 EL Olivenöl
60 ml roter Portwein
100 g frische Preiselbeeren
2 EL flüssiger Honig
4 Scheiben Pumpernickel

1 Das Olivenöl in einer Pfanne erhitzen. Die Perlhuhnbrüste mit Salz und Pfeffer würzen und mit den halbierten Chilischoten auf der Hautseite scharf anbraten.

2 Die Perlhuhnbrüste mit der Haut nach oben auf einen Rost legen und in den auf 180°C vorgeheizten Backofen schieben.

3 Den Portwein in einem Topf auf die Hälfte einkochen und mit einer Prise Salz würzen.

4 Die frischen Preiselbeeren dazugeben und einmal aufkochen. Den Topf vom Herd nehmen.

5 Nach 10 Minuten die Perlhuhnbrüste aus dem Ofen nehmen und mit Honig bestreichen.

6 Den Pumpernickel fein zerbröseln und die Perlhuhnbrüste darin wälzen.

7 Die warmen Perlhuhnbrüste aufschneiden und mit den Preiselbeeren anrichten.

C023 GEBRANNTE CHILICREME MIT MANGO UND KORIANDER

Zutaten für 4 Personen

1 Thai-Mango
1 frische rote New-Mexican-Chili (Chimayo Chili)
Salz
60 ml Crème fraîche
4 Blatt weiße Gelatine
1 EL gehackter Koriander
1 Limette
250 ml flüssige Sahne
2 EL brauner Zucker

1 Die Mango schälen, das Fruchtfleisch vom Stein lösen und mit einem Stabmixer pürieren.

2 Das Mangopüree mit der entkernten und gehackten Chilischote vermischen, salzen und die Crème fraîche untermengen.

3 Die Gelatineblätter in kaltem Wasser einweichen, nach 2 Minuten ausdrücken und bei schwacher Hitze erwärmen.

4 Die Gelatine mit 2 EL der Mangocreme anrühren. Dieses Gemisch mit der restlichen Mangocreme verrühren. Den Koriander und den Saft der Limette unterrühren.

5 Die steif geschlagene Sahne vorsichtig unter die Mangocreme heben.

6 Die Mangocreme in vier kleine feuerfeste Formen füllen und 45 Minuten tiefkühlen.

7 Die halbgefrorenen Mangopuddings mit braunem Zucker bestreuen und im auf 250°C vorgeheizten Backofen (Grill-Oberhitze) gratinieren.

C024 PAPAYA-SALAT MIT CHICORÉE UND LIMETTEN-CHILI-MARINADE

Zutaten für 4 Personen

2 Papayas
1 Tepin-Chili (wild wachsende, erbsengroße Urform des Chili)
4 EL Sherryessig
2 EL flüssiger Honig
2 Schalotten
1 Limette
Salz
schwarzer Pfeffer
8 EL Nussöl
2 rote Chicorées
1 EL gehackte Nusskerne (z.B. Haselnüsse oder Walnüsse)

1. Die Papayas schälen und entkernen, das Fruchtfleisch in kleine Würfel schneiden.
2. Die Chilischote halbieren, entkernen und fein hacken.
3. Den Sherryessig mit dem Honig, der Chilischote, den fein gehackten Schalotten, dem Limettensaft, Salz und Pfeffer aufkochen.
4. Das Öl dazugeben und mit einem Schneebesen cremig rühren.
5. Den Chicorée in die einzelnen Blätter teilen, mit dem Dressing übergießen und 15 Minuten ziehen lassen.
6. Vor dem Servieren die Papayawürfel dazugeben und mit den Nüssen bestreuen.

C025 SALATRÖLLCHEN MIT CHILI-GEMÜSEREIS

Zutaten für 4 Personen

1 Kopfsalat
100 g Basmatireis
2 Lauchzwiebeln
2 rote Paprikas
1 frische rote Jalapeño-Chili
2 EL Olivenöl
50 g Erbsenkerne
Salz
schwarzer Pfeffer
4 EL geriebener Cheddar
1 EL gehackter Koriander
Sojasauce

1. Die Salatblätter vom Strunk lösen, maximal 5 Sekunden in kochendem Wasser blanchieren, anschließend sofort in Eiswasser geben.
2. Den Reis laut Packungsangabe gar kochen.
3. Die Lauchzwiebeln und die von Scheidewänden und Kernen befreiten Paprikaschoten in kleine Würfel schneiden. Die Chilischote entkernen und klein schneiden.
4. Das Olivenöl in einem Topf erhitzen. Darin die Chilischote kurz anschwitzen, dann das übrige Gemüse dazugeben und andünsten.
5. Das Gemüse salzen und pfeffern, dann den gekochten Reis untermengen.
6. Den geriebenen Cheddar und den Koriander unter den Gemüsereis rühren.
7. Den Gemüsereis nochmals mit Salz und Pfeffer abschmecken, dann in die Salatblätter füllen. Die Salatblätter wie Frühlingsrollen wickeln.
8. Im auf 200 °C vorgeheizten Backofen (Ober-/Unterhitze) kurz erwärmen. Die Salatröllchen nach Geschmack mit Sojasauce servieren.

C026 SALAT VOM THAISPARGEL MIT CHILI-PAPRIKA UND CHINAKOHL

Zutaten für 6-8 Personen

4 Bund grüner Thaispargel
4 rote Paprika
1 frische rote Thai-Chili
4 EL Sesamöl
2 EL schwarze Sesamsaat
1 EL Sojasauce
2 EL Reisweinessig
1 kleiner Kopf Chinakohl
Salz
schwarzer Pfeffer

1 Den Spargel waschen und die unteren Enden abschneiden.
2 Die von Scheidewänden und Kernen befreiten Paprika- und Chilischoten in kleine Stücke hacken.
3 Das Sesamöl in einer Pfanne erhitzen, den Spargel darin scharf anbraten, Chili und Paprika dazugeben. Die Pfanne vom Herd nehmen.
4 Sesam, Sojasauce und Essig unter das Spargelgemüse rühren.
5 Den Chinakohl in feine Streifen schneiden und unter das Spargelgemüse mischen. Salzen und pfeffern.
6 Den lauwarmen Salat dekorativ auf vier Tellern anrichten und servieren.

C027 CHILI-GRAVED-LACHS MIT EINGELEGTEN LIMETTEN UND HONIG

Zutaten für 4 Personen

125 ml Noilly Prat
250 ml trockener Weißwein
1 TL gelbe Senfkörner
1 EL Meersalz
2 frische rote Thai-Chilis
500 g frisches schottisches Lachsfilet
4 EL gehackter Dill
4 EL flüssiger Honig
Salz
6 unbehandelte Limetten

1 Den Noilly Prat und den Weißwein mit den Senfkörnern, dem Meersalz und den halbierten Chilischoten aufkochen, dann auf Zimmertemperatur abkühlen lassen.

C026 SALAT VOM THAISPARGEL MIT
CHILI-PAPRIKA UND CHINAKOHL

2 Den Lachs in eine längliche Form geben, mit der Marinade übergießen und mit dem Dill bestreuen. Die Form straff mit Frischhaltefolie verschließen.

3 Den Lachs im Kühlschrank mindestens 6 Stunden marinieren.

4 250 ml Wasser mit dem Honig zum Kochen bringen und leicht salzen. Die in Scheiben geschnittenen Limetten einlegen und im Fond erkalten lassen.

5 Die Limetten auf ein mit Backpapier bedecktes Backblech legen und im auf 50°C vorgeheizten Backofen (Umluft) 1 Stunde trocknen lassen.

6 Den Lachs von den Gewürzen und Kräutern befreien, in dünne Scheiben schneiden und mit den Limetten anrichten.

C028 GEBRATENE GÄNSELEBER MIT AHORNSIRUP-CHILI-SCHOKOSAUCE UND MARILLEN

Zutaten für 4 Personen

450 g Gänseleber (klein, da nicht zu fett)
2 Aprikosen (Marillen)
1 EL Aprikosenmarmelade (Marillenmarmelade)
100 ml Cointreau
1 frische rote Pimento-Chili
60 ml trockener Sherry
8 EL Ahornsirup
2 EL gehackte Schokolade (70 % Kakao)
4 EL doppelgriffiges Weizenmehl (z.B. Wiener Grießler)
Salz

1 Die Gänseleber in fingerdicke Scheiben schneiden und im Kühlschrank kalt stellen.

2 Die Aprikosen entkernen und in gleich große Spalten schneiden.

3 Die Aprikosenmarmelade mit dem Cointreau und 3 EL Wasser aufkochen, die Aprikosen dazugeben und erwärmen, dann beiseitestellen.

4 Die Chilischote entkernen, fein hacken und mit dem Sherry sowie dem Ahornsirup kurz aufkochen. Anschließend die gehackte Schokolade unterrühren und auflösen.

5 Die Gänseleber salzen und in Mehl wenden.

6 Die Leber in einer beschichteten Pfanne langsam anbraten. Die Leber wenden, bevor das Fett austritt, dann salzen.

7 Die gebratene Gänseleber auf der Sauce anrichten und mit den noch warmen Aprikosen servieren.

C029 NEU-WIENER RINDFLEISCHSALAT (TAFELSPITZ MIT ESTRAGONESSIG, ROTEN ZWIEBELN UND CHILIÖL)

Zutaten für 4 Personen

500 g Tafelspitz
2 Karotten
1 weiße Zwiebel
1 Selleriestange
5 schwarze Pfefferkörner
1 frisches Lorbeerblatt
125 ml Estragonessig
Salz
2 EL Chiliöl (siehe Rezept Seite 29)
2 rote Zwiebeln
1 frische rote Jalapeño-Chili

1 Den Tafelspitz mit den Karotten, der ungeschälten, halbierten weißen Zwiebel, dem Stangensellerie und den Gewürzen in einen Topf geben und mit Wasser bedecken. Das Wasser zum Kochen bringen und das Fleisch im wallenden Sud weich kochen.

2 Den Tafelspitz in der Suppe abkühlen lassen. Dann das Fleisch gegen die Faser in dünne Scheiben schneiden und auf einem Teller anrichten.

3 Aus Estragonessig, Salz und Chiliöl eine Marinade rühren.

4 Die roten Zwiebeln in dünne Scheiben schneiden und auf dem Tafelspitz verteilen. Mit etwas heißer Suppe und mit der Marinade beträufeln. Nach Belieben mit gehackter Jalapeño-Chili bestreuen.

C030 BOHNEN-CHILI-PÜREE MIT KERBEL-GARNELEN UND RADICCHIO

Zutaten für 4 Personen

200 g weiße Bohnenkerne
1 Zweig Rosmarin
1 frische rote Cubanelle-Chili
Salz
8 rohe Garnelen, geschält
2 EL Walnussöl
60 ml weißer Portwein
1 Radicchio
2 EL Champagneressig
1 Handvoll Kerbel
2 EL Crème fraîche

1 Die Bohnen über Nacht in kaltem Wasser einweichen.

2 Am nächsten Tag den Rosmarinzweig dazugeben und die Bohnen ca. 90 Minuten weich kochen.

3 Das Kochwasser abgießen und beiseitestellen. Die fein gehackte Chilischote zu den Bohnen geben und alles pürieren. Dabei immer wieder etwas von dem Kochwasser hinzufügen, bis die Masse eine püreeartige Konsistenz hat. Das Bohnenpüree salzen.

4 Die Garnelen salzen und in dem erhitzten Walnussöl von beiden Seiten anbraten. Die Garnelen aus der Pfanne nehmen und den Satz mit dem Portwein ablöschen.

5 Den in Streifen geschnittenen Radicchio und den Essig in die Pfanne geben, kurz durchkochen.

6 Den gehackten Kerbel dazugeben, die Crème fraîche und die Garnelen hinzufügen und nochmals erwärmen.

7 Das Püree auf einen Teller geben, die Garnelen und den Radicchio darauf anrichten.

C031 ERBSEN-PFEFFERMINZSCHAUM MIT CHILI-KANINCHEN

Zutaten für 4 Personen

100 g Erbsenkerne
250 ml trockener Weißwein
½ Zitrone
250 ml flüssige Sahne
Salz
weißer Pfeffer
4 ausgelöste Kaninchenrückenstränge
1 EL Olivenöl
2 Thai-Chilis
½ Bund Pfefferminze

1 Die Erbsen weich kochen und in Eiswasser abschrecken.

2 Den Weißwein und den Saft der halben Zitrone aufkochen, die Sahne hinzufügen. Diese Mischung mit den Erbsen pürieren, salzen und pfeffern.

3 Die Kaninchenrücken mit Salz und Pfeffer würzen. Das Olivenöl in einer Pfanne erhitzen und das Kaninchenfleisch mit den halbierten Chilischoten darin bei geringer Hitze braten (ca. 8 Minuten je Seite).

4 Die Pfefferminzblättchen von den Stielen zupfen und mit dem Erbsenschaum pürieren.

5 Die Kaninchenrücken aufschneiden. In einen Suppenteller geben und mit dem Erbsenschaum servieren.

Zutaten für 4 Personen

400 g Seeteufel (küchenfertig vorbereitet)

1 Eiweiß

1 Zitrone

1 EL Tomatenmark

125 ml flüssige Sahne

Salz

weißer Pfeffer

1 Salatgurke

250 ml trockener Weißwein

1 EL gezupfter Thymian

1 TL Pimentón de la Vera (geräuchertes Chilipulver aus Spanien)

3 EL kalte Butter

einige Streifen frisch geschnittene Chilischote

1 Den Seeteufel in kleine Würfel schneiden und gut kühlen.

2 Die Würfel mit dem Eiweiß, dem Saft der Zitrone, dem Tomatenmark und der eiskalten Sahne vermengen und nochmals hacken. Die Fischmasse salzen und pfeffern, dann erneut kalt stellen.

3 Die Salatgurke mit einem Sparschäler schälen und der Länge nach in feine Streifen hobeln.

4 In einem großen Topf Salzwasser zum Kochen bringen. Aus der Fischmasse mit einem Teelöffel kleine Nockerln formen.

5 Die Nockerln in das Salzwasser geben und 2 Minuten ziehen lassen, dann den Topf beiseitestellen.

6 Den Wein mit Salz, dem Thymian und dem Chilipulver aufkochen, die Gurken dazugeben und kurz ziehen lassen, mit der Butter verfeinern.

7 Die Gurken mit dem Fond in einen Suppenteller geben und mit den Nockerln servieren.

8 Nach Belieben mit einigen Chilistreifen garnieren.

C033 LAUWARME ROSMARIN-CHILI-SARDINEN MIT SCHWARZBROTSALAT

Zutaten für 4 Personen

60 ml Madeira

1 frische orange oder rote Peter-Pepper-Chili

½ gehackte Knoblauchzehe

1 EL gehackter Rosmarin

2 EL Rotweinessig

300 g ausgenommene Sardinen

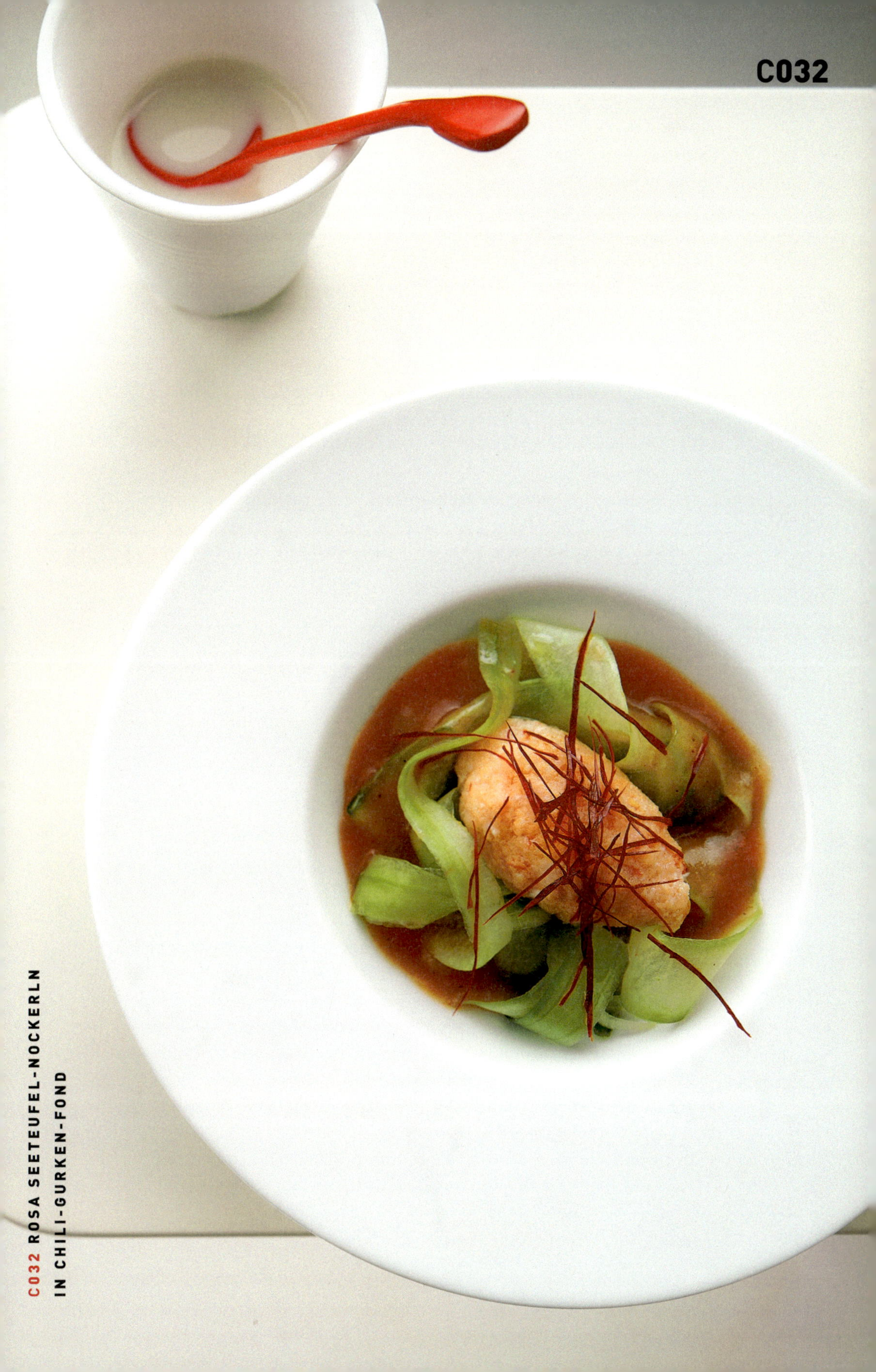

C032 ROSA SEETEUFEL-NOCKERLN
IN CHILI-GURKEN-FOND

Salz
Olivenöl
4 Scheiben Schwarzbrot
2 Handvoll Rucola

1 Den Madeira mit der gehackten Chilischote, dem Knoblauch, dem Rosmarin und dem Rotweinessig aufkochen.
2 Die noch heiße Marinade über die Sardinen geben, salzen und mit etwas Olivenöl bedecken.
3 Die Brotscheiben in Würfel schneiden und in Olivenöl knusprig braten. Kurz auf Küchenkrepp abtropfen lassen.
4 Die Sardinen mit der Marinade in eine Pfanne geben und gar braten.
5 Die Sardinen auf vier Teller verteilen.
6 Etwas warme Marinade über den Rucola geben und die Brotstücke untermengen.
7 Den Schwarzbrotsalat mit den Sardinen servieren.

C034 CHILIBRATEN VON DER LAMMHÜFTE MIT TAPENADE

Zutaten für 4 Personen

500 g Lammhüfte
Salz
schwarzer Pfeffer
2 EL Dijonsenf
3 EL Olivenöl
2 frische rote Thai-Chilis
150 g schwarze Oliven
100 g Sardellenfilets
1 EL Kapern
2 Basilikumblätter
1 EL gehackter Estragon

1 Die Lammhüfte salzen, pfeffern und mit dem Dijonsenf bestreichen.
2 3 EL Olivenöl in einer Pfanne erhitzen. Die Lammhüfte und die halbierten Chilischoten hineingeben und das Fleisch von beiden Seiten scharf anbraten. Die Lammhüfte im auf 200°C vorgeheizten Backofen (Ober-/Unterhitze) ca. 15 Minuten garen, anschließend aus dem Ofen nehmen. Die Ofentemperatur auf 60°C reduzieren.
3 Sobald die Ofentemperatur 60°C erreicht hat, die Lammhüfte im Ofen ca. 10 bis 15 Minuten ruhen lassen.
4 In der Zwischenzeit die Oliven entkernen und zusammen mit den Sardellenfilets, den Kapern und den Basilikumblättern hacken.

C036 GEEISTES AVOCADOPARFAIT MIT HUMMER IN CHILI UND KNOBLAUCH GEBRATEN

5 So viel Olivenöl zur Tapenade geben, bis sie eine cremige Konsistenz hat. Nach Geschmack salzen.

6 Die Lammhüfte aufschneiden, mit Estragon bestreuen und mit der Tapenade servieren.

C035 KNUSPRIGES SESAM-EI MIT SÜSS-SAURER MARINADE

Zutaten für 4 Personen

6 Eier
100 g Paniermehl
4 EL weiße Sesamsaat
100 g doppelgriffiges Weizenmehl (z.B. Wiener Grießler)
Fett zum Frittieren

Für die Marinade

3 EL flüssiger Honig
1 frische Ancho-Chili, gehackt
4 EL Weißweinessig
1 EL zerstoßene rosa Pfefferbeeren
1 EL Sesamöl
4 EL Wasser
Salz

1 4 Eier 6 Minuten kochen, unter fließend kaltem Wasser abschrecken und vorsichtig schälen.

2 Alle Zutaten der Marinade vermischen und mit Salz abschmecken.

3 Das Paniermehl mit dem Sesam vermischen. Die restlichen Eier aufschlagen und leicht verquirlen.

4 Die gekochten Eier vorsichtig in Mehl, dann in verquirltem Ei und Sesambröseln wälzen.

5 Die panierten Eier in heißem Fett schwimmend knusprig ausbacken.

6 Die knusprigen Eier mit der Marinade servieren. Dazu passt ein gemischter Salat.

C036 GEEISTES AVOCADOPARFAIT MIT HUMMER IN CHILI UND KNOBLAUCH GEBRATEN

Zutaten für 4-6 Personen

1 Hummer
½ TL Kümmel
1 Bund Dill
125 ml trockener Weißwein
2 Avocados

C037

1 Zitrone
125 g Crème fraîche
Salz
schwarzer Pfeffer
500 ml flüssige Sahne
4 EL Butter
4 Knoblauchzehen
1 frische dunkelgrüne Pasilla-Chili
2 EL gehackte Petersilie

1 Reichlich Salzwasser in einem großen Topf zum Kochen bringen. Kümmel, Dill und Weißwein zugeben. Den Hummer mit dem Kopf voran in das siedende Wasser geben, mit einem Holzkochlöffel unter die Wasseroberfläche drücken und 8 Minuten kochen.

2 Den Hummer aus dem Sud nehmen, erkalten lassen und dann das Fleisch ausbrechen. Dabei Magen und Darm entfernen.

3 Die Avocados schälen, in Würfel schneiden, mit Zitronensaft beträufeln und pürieren.

4 Die Crème fraîche unterrühren, salzen und pfeffern. Die steif geschlagene Sahne unterheben.

5 Die Masse in eine mit Klarsichtfolie ausgelegte Form geben und 2 Stunden tiefkühlen.

6 Das Avocadoparfait aus der Form stürzen und in Scheiben schneiden. Auf einem Teller anrichten.

7 Das Hummerfleisch ebenfalls in Scheiben schneiden.

8 Die Butter mit den geschälten, fein gehackten Knoblauchzehen und der gehackten Chilischote aufschäumen.

9 Die Hummerscheiben dazugeben und von beiden Seiten kurz erwärmen.

10 Die Hummerscheiben auf dem Parfait anrichten und mit gehackter Petersilie bestreuen.

C037 PANNA COTTA VOM WEISSEN SPARGEL MIT CHILI-ORANGENSAUCE

Zutaten für 8 Personen

8 Stangen weißer Spargel
Salz
½ Zitrone
4 Blatt weiße Gelatine
500 ml flüssige Sahne
4 Orangen
1 frische rote Cayenne-Chili
2 EL Butter

1 Den Spargel schälen und in Salzwasser sehr weich kochen. Das Kochwasser abgießen, auffangen und beiseitestellen.
2 Den Spargel in kleine Stücke schneiden und mit etwas Kochwasser pürieren. Das Spargelpüree durch ein Sieb drücken.
3 Das Spargelpüree mit dem Saft der halben Zitrone würzen.
4 Die Gelatineblätter in kaltem Wasser einweichen. Nach 2 Minuten ausdrücken und bei schwacher Hitze erwärmen.
5 Die warme Gelatine unter das Spargelpüree rühren und die nicht ganz steif geschlagene Sahne unterheben.
6 Die Spargelcreme in 8 mit kaltem Wasser ausgespülte Formen füllen und 2 Stunden kalt stellen.
7 Die Orangen auspressen und den Saft in einem kleinen Topf erwärmen, den Saft dabei auf die Hälfte reduzieren.
8 Die Chilischote entkernen, fein hacken und zur Orangenjus geben.
9 Die kalte Butter in Stücke schneiden und unter die Orangenjus rühren.
10 Die Spargel-Panna-Cottas auf Teller stürzen und mit der lauwarmen Orangensauce servieren.

C038 IN BRUNNENKRESSE GEBRATENE JAKOBSMUSCHELN MIT CHILI-ROUILLE

Zutaten für 4 Personen

4 Safranfäden
2 Scheiben Weißbrot
1 EL Tomatenmark
5 EL Olivenöl
1 frische rote Jalapeño-Chili
1 Knoblauchzehe
Salz
schwarzer Pfeffer
8 Jakobsmuscheln
etwas Zitronensaft
2 EL Butter
2 Handvoll Brunnenkresse

1 Die Safranfäden in einem Mörser pulverisieren.
2 Das entrindete, in Stücke geschnittene Weißbrot zugeben und mit dem Tomatenmark, 4 EL Olivenöl, der entkernten, gehackten Chilischote und der durchgepressten Knoblauchzehe zu einer feinen Paste verarbeiten. Nach Geschmack salzen.
3 Die Jakobsmuscheln mit Salz, Pfeffer und etwas Zitronensaft würzen.
4 1 EL Olivenöl in einer Pfanne erhitzen, die Jakobsmuscheln darin von beiden Seiten 1 Minute scharf anbraten.

5 Die Muscheln aus der Pfanne nehmen, die Butter und die Hälfte der Brunnenkresse zu dem Bratensatz hinzufügen. Die Jakobsmuscheln nochmals kurz darin erwärmen.

6 Die Jakobsmuscheln auf der Rouille anrichten, mit der restlichen Kresse garnieren und servieren.

C039 SEESAIBLING-SUSHI MIT INGWER-SOJA-CHILI-DIP

Zutaten für 4 Personen

1 Tasse Sushireis (erhältlich im Asia-Laden)
2 EL Reisweinessig
1 EL Kristallzucker
Salz
2 EL gehackter Ingwer
1 frische rote Thai-Chili
2 EL Sesamöl
8 EL süße Sojasauce
4 Seesaiblingfilets (Sushiqualität, ohne Haut)

1 Den Reis waschen. In einem Topf 1¼ Tassen Wasser zum Kochen bringen, den Reis dazugeben und bei geringer Hitze im geschlossenen Topf etwa 15 bis 20 Minuten (je nach Packungsanweisung) köcheln.

2 Den Reis vom Herd nehmen und noch 10 Minuten im geschlossenen Topf ziehen lassen.

3 Den Reis mit Essig, Zucker und Salz würzen und abkühlen lassen.

4 Den Ingwer mit der gehackten Chilischote im Sesamöl anbraten. Die Sojasauce dazugeben und aufkochen, dann kalt stellen.

5 Die Saiblingfilets in ca. 1 cm dicke Scheiben schneiden.

6 Den erkalteten Reis zu walnussgroßen Bällchen formen und leicht zusammendrücken.

7 Den Saibling auf die Reisbällchen geben und mit dem kalten Ingwer-Soja-Chili-Dip servieren.

C040 BLUMENKOHL-CHILI-TERRINE MIT FLUSSKREBSEN

Zutaten für 4 Personen

16 Flusskrebse
2 EL Dill
Salz
1 Blumenkohl
2 frische rote Jalapeño-Chilis
5 Blatt weiße Gelatine
250 ml flüssige Sahne
250 ml trockener Weißwein
2 EL Butter

1 Die Flusskrebse mit 1 EL Dill in reichlich sprudelnd kochendes Salzwasser geben und 5 Minuten kochen. Die Flusskrebse herausnehmen, den Sud aufheben.

2 Das Krebsfleisch ausbrechen und kalt stellen.

3 Den Sud durch ein Sieb gießen und den in die einzelnen Röschen geteilten Blumenkohl darin weich kochen.

4 Den Blumenkohl aus dem Kochwasser nehmen und mit den gehackten Chilischoten pürieren.

5 Die Gelatineblätter in kaltem Wasser einweichen, nach 2 Minuten ausdrücken und bei geringer Hitze erwärmen.

6 Die warme Gelatine unter das warme Blumenkohlpüree rühren. Etwas abkühlen lassen.

7 Die Sahne steif schlagen und unter die abgekühlte Blumenkohlmousse heben. Mit Salz abschmecken.

8 Die Blumenkohlmousse in eine Terrine füllen und mindestens 4 Stunden kühlen.

9 1 EL gehackten Dill mit dem Weißwein aufkochen. Die Butter und die Flusskrebse dazugeben, sofort vom Herd nehmen, salzen und lauwarm mit der Terrine servieren.

C041 YAM TALAY (SCHARFER MEERESFRÜCHTESALAT MIT CHILIS NACH THAILÄNDISCHER ART)

Zutaten für 4 Personen

1 grüne Paprika
100 g Zuckerschoten
2 Lauchzwiebeln
100 g Sojasprossen
1 EL neutrales Pflanzenöl zum Braten
1 frische rote Thai-Chili
1 l Gemüsefond
2 EL Limettensaft
1 EL Austernsauce (erhältlich im Asia-Laden)
1 TL Kristallzucker
4 Kaffir-Limettenblätter
etwas Koriander
4 rohe Garnelen, geschält
4 Jakobsmuscheln
100 g gekochte Calamari

1 Die von Scheidewänden und Kernen befreite Paprika und die Zuckerschoten in Streifen, die Lauchzwiebeln in Ringe schneiden.

2 Das Öl in einem Topf erhitzen und das Gemüse mit den Sojasprossen darin andünsten.

3 Die Thai-Chili halbieren und dazugeben.

4 Die Gemüsemischung mit Gemüsefond aufgießen und einmal aufkochen, die Chili wieder entfernen.

5 Den Limettensaft, die Austernsauce, den Zucker, die Kaffir-Limettenblätter und den Koriander beimengen, kurz ziehen lassen.

6 Die Meeresfrüchte in die Gemüsesuppe geben und 5 Minuten köcheln lassen.

7 Das Yam Talay heiß servieren.

C041 YAM TALAY (SCHARFER MEERESFRÜCHTESALAT MIT CHILIS NACH THAILÄNDISCHER ART)

KLEINE GERICHTE

C044

**Maishuhnsaté
mit Chili-Erdnusscreme
und Grapefruit**

C047

**Pastrami-Sandwich mit
Schnittlauch-Chili-Sauce**

C050

**Farfalle mit Speck,
Erbsen, Chili und
Minze**

C054

**Halbgefrorener Kefir mit
Chili-Blini und Ketakaviar**

C060

**Käse-Chili-Suppe
(Fondue) mit
Sherry-Apfel**

C057

**Rucolasalat mit
Oliven und Chili-
Parmesanchips**

C062

**Explorateur-Chili-Torte
mit Nüssen**

KLEINE GERICHTE

C042 STROZZAPRETI MIT SONNENGETROCKNETEN TOMATEN, KANINCHENKEULE, PARMESAN UND ESTRAGON-CHILI-PESTO

Zutaten für 4 Personen

3 Kaninchenkeulen à 120 g
1 rote Zwiebel
100 g getrocknete Tomaten
6 EL Olivenöl
500 ml Gemüsefond
Salz
4 EL Estragon
1 frische rote Jalapeño-Chili
300 g Strozzapreti (kurze gedrehte Hartweizennudeln)
50 g Parmesan

1. Die Kaninchenkeulen von den Knochen befreien, das Fleisch in kleine Würfel schneiden.
2. Die Zwiebel schälen und in kleine Würfel schneiden. Die Tomaten in kleine Würfel schneiden. Das Olivenöl in einem Topf erhitzen. Die Zwiebel- und Tomatenwürfel darin anbraten.
3. Das Kaninchenfleisch dazugeben und 5 Minuten mitbraten.
4. Den Gemüsefond aufgießen, salzen und ca. 20 Minuten kochen, bis das Fleisch weich ist.
5. Den Estragon mit der entkernten Chilischote und 5 EL Olivenöl mit dem Stabmixer aufmixen, das Pesto salzen.
6. Die Pasta laut Packungsangabe al dente kochen und noch heiß unter das Kaninchenragout mischen.
7. Das Estragon-Chili-Pesto untermengen. Das Ragout mit frisch gehobeltem Parmesan servieren.

C043 VANILLE-CHILI-RISOTTO MIT KAISERGRANAT

Zutaten für 4 Personen

1 Zwiebel
1 frische gelbe oder rote Peter-Pepper-Chili
1 EL Olivenöl
200 g Risottoreis
150 ml trockener Weißwein
1 Vanilleschote
800 ml Gemüsefond
20 Kaisergranatschwänze
4 EL Butter
20 ml Cognac

Salz

2 EL Schnittlauchröllchen

1 Die Zwiebel schälen und fein würfeln. Die entkernte Chilischote fein hacken.
2 Das Olivenöl in einem Topf erhitzen. Die Zwiebel und die Chili darin glasig schwitzen. Den Risottoreis dazugeben und 5 Minuten anschwitzen, ohne dass er Farbe annimmt.
3 Den Risotto mit dem Weißwein ablöschen und diesen vollständig reduzieren. Dann das ausgekratzte Mark der Vanilleschote dazugeben.
4 Den Risotto 16 Minuten kochen, dabei unter stetigem Rühren immer wieder mit heißem Gemüsefond aufgießen.
5 Die Kaisergranatschwänze schälen, vom Darm befreien und zu dem Risotto geben.
6 Noch einmal aufkochen, die kalte Butter und den Cognac unterrühren.
7 Den Risotto von der Platte nehmen und 2 Minuten zugedeckt stehen lassen.
8 Den Risotto salzen, mit Schnittlauchröllchen bestreuen und gleich servieren.

C044 MAISHUHNSATÉ MIT CHILI-ERDNUSSCREME UND GRAPEFRUIT

Zutaten für 4 Personen

4 Maishuhnbrüste à ca. 130 g (ohne Haut)

2 EL flüssiger Honig

2 EL Reisweinessig

Salz

2 EL neutrales Pflanzenöl zum Braten

180 g Erdnusskerne (nicht geröstet, nicht gesalzen)

Wasser

1 frische rote Thai-Hot-Chili

1 EL Crème fraîche

2 rosa Grapefruits

grob geschroteter schwarzer Pfeffer

1 Das Hühnchenfleisch in zentimetergroße Würfel schneiden.
2 Honig, Essig und Salz zu einer Marinade rühren.
3 Die Fleischwürfel 30 Minuten darin marinieren, dann auf Spieße stecken.
4 Die Erdnusskerne mit Wasser und der entkernten Chilischote pürieren, bis die Masse eine cremige Konsistenz hat. Die Creme mit Salz und Crème fraîche abschmecken.
5 Die Hühnerspieße bei mäßiger Hitze in dem Öl beidseitig anbraten.
6 Die Grapefruits filetieren. Die garen Hühnerspieße aus der Pfanne nehmen und die Grapefruitfilets in dem Bratensatz schwenken.

C044

C044 MAISHUHNSATÉ MIT CHILI-ERDNUSSCREME UND GRAPEFRUIT

7 Die Satéspieße auf den Grapefruitfilets anrichten, mit grobem Pfeffer bestreuen und mit der Erdnusscreme servieren.

C045 VEGETARISCHE CHILI-MOUSSAKA MIT SCHAFSKÄSE

Zutaten für 4 Personen

4 große mehligkochende Kartoffeln
Salz
1 EL Speisestärke
2 Eigelb
2 Auberginen
4 EL Olivenöl
1 frische rote Tabasco-Chili
4 Tomaten
1 TL getrockneter Thymian
200 g Schafskäse (Feta)
etwas neutrales Pflanzenöl für die Form

1 Die Kartoffeln schälen und in Salzwasser weich kochen.

2 Kurz ausdampfen lassen und durch eine Kartoffelpresse drücken.

3 Das Kartoffelpüree mit Salz, Speisestärke und den Eigelben vermengen.

4 Die Auberginen in Scheiben schneiden.

5 Das Olivenöl in einer Pfanne erhitzen, darin die Auberginenscheiben mit der halbierten Chilischote anbraten, salzen.

6 Die Tomaten in Scheiben schneiden, mit dem Thymian bestreuen und leicht salzen.

7 Eine feuerfeste, mit Öl ausgepinselte Form schichtweise mit Kartoffelpüree, Auberginen, Tomaten und dem grob zerbröselten Schafskäse auslegen. Mit Schafskäse abschließen.

8 Die Moussaka ca. 35 Minuten im auf 180°C vorgeheizten Backofen garen.

9 Die Moussaka mit einem gemischten Salat reichen.

C046 LASAGNE VON TOMATE MIT THAIBASILIKUM UND CHILICREVETTEN

Zutaten für 4 Personen

2 EL Butter
1 EL glattes Weizenmehl
250 ml flüssige Sahne
250 ml Tomatensaft
Salz
1 Ei
5 Tomaten

250 g Lasagneblätter
etwas Olivenöl für die Form
1 Zwiebel
1 Knoblauchzehe
1 frische rote Thai-Chili
1 EL Olivenöl
200 g Crevetten
4 EL gehacktes Thaibasilikum
1 Zitrone

1. Die Butter in einem Topf schmelzen und das Mehl darin anschwitzen. Mit Sahne und Tomatensaft aufgießen und unter Rühren 5 Minuten kochen. Den Topf vom Herd nehmen und die Tomatensauce leicht abkühlen lassen. Dann salzen und das Ei untermengen.

2. Die Tomaten in Scheiben schneiden und leicht salzen. Schichtweise Tomaten, Tomatensauce und Lasagneblätter in eine kleine, hohe, mit Olivenöl ausgepinselte feuerfeste Form geben. Mit Tomatensauce abschließen.

3. Die Lasagne in den auf 160 °C vorgeheizten Backofen (Ober-/Unterhitze) geben und ca. 45 Minuten goldgelb backen.

4. In der Zwischenzeit die Zwiebel und den Knoblauch schälen und mit der entkernten Chilischote fein hacken.

5. Das Olivenöl in einem Topf erhitzen. Zwiebel, Knoblauch und Chili darin braun rösten. Den Topf vom Herd nehmen und die Crevetten unterrühren. Mit Salz abschmecken.

6. Die Crevetten mit dem Thaibasilikum und Zitronensaft würzen.

7. Die Lasagne aus dem Backofen nehmen und mit den Crevetten servieren.

C047 PASTRAMI-SANDWICH MIT SCHNITTLAUCH-CHILI-SAUCE

Zutaten für 4 Personen

250 ml Olivenöl
1 Ei
1 frische rote Ancho-Chili
Salz
schwarzer Pfeffer
½ Zitrone
1 EL Pommerysenf
1 Bund Schnittlauch
4 kleine Baguettebrötchen
3 EL Butter

4 Salatblätter

4 Essiggurken

400 g Pastrami (am besten vom Pferd, ersatzweise vom Rind)

1 Das Olivenöl mit dem Ei, der entkernten Chilischote, Salz, Pfeffer, dem Saft der halben Zitrone und dem Senf in einem schmalen, hohen Gefäß mit dem Stabmixer zu einer cremigen Mayonnaise aufmixen.

2 Den Schnittlauch in feine Röllchen schneiden und unter die Mayonnaise heben.

3 Die Baguettebrötchen aufschneiden, die Schnittseiten kurz in heißer Butter anbraten.

4 Die unteren Hälften der Baguettebrötchen mit je einem Salatblatt belegen und mit gehackten Essiggurken bestreuen.

5 Die Pastrami darauf verteilen und mit der Mayonnaise dekorieren.

6 Die oberen Brötchenhälften darauf setzen und die Sandwichs servieren.

C048 SAUTÉ VOM STEINPILZ MIT CHILI UND LIEBSTÖCKEL

Zutaten für 4 Personen

400 g Steinpilze

1 EL getrockneter Majoran

1 EL Olivenöl

1 Zwiebel

1 Knoblauchzehe

3 EL Butter

1 frische rote Peter-Pepper-Chili

2 EL gehackter Liebstöckel

Salz

½ Zitrone

1 Die Steinpilze putzen und beiseitestellen. Die Abschnitte mit Wasser und dem Majoran bedecken und zum Kochen bringen.

2 Den Pilzsud zugedeckt 10 Minuten kochen, danach durch ein Küchentuch passieren.

3 Die geputzten Steinpilze in Scheiben schneiden. Das Olivenöl in einer Pfanne erhitzen. Die Steinpilze darin scharf anbraten.

4 Die Zwiebel und den Knoblauch schälen und klein würfeln, zu den Pilzen geben.

5 Die Hälfte der Butter sowie die entkernte und fein gehackte Chilischote zu den Pilzen geben, den Liebstöckel unterrühren.

6 Die Pilze mit Salz und Zitronensaft abschmecken und auf Suppentellern anrichten.

7 Den Pilzfond aufkochen, mit der restlichen Butter aufmixen, mit Salz abschmecken und über die heißen Pilze geben.

C049 KALBSBRIES MIT CHILI-NOILLY-PRAT-BUTTER UND WALNÜSSEN

Zutaten für 4 Personen

500 g Kalbsbries (küchenfertig, gewässert)
2 EL Olivenöl
250 ml Noilly Prat
250 ml Geflügelfond
1 frische rote Cayenne-Chili
1 Zwiebel
4 EL Crème double
Salz
3 EL Butter
4 EL Walnusskerne

1 Das Kalbsbries abtrocknen und in einzelne Röschen teilen.

2 Das Olivenöl in einer Pfanne erhitzen. Das Kalbsbries beidseitig bei mäßiger Hitze goldbraun braten, dann beiseitestellen.

3 Den Noilly Prat in einem Topf auf die Hälfte der Menge reduzieren und mit dem Geflügelfond aufgießen.

4 Die Chilischote und die Zwiebel fein hacken und zu dem Fond geben, 5 Minuten mitkochen. Die Crème double dazugeben, salzen und aufmixen.

5 Die Butter und die gehackten Walnüsse zu dem Bries geben und erhitzen. Dabei die Butter braun werden lassen. Leicht salzen.

6 Das Bries mit den Nüssen und dem Noilly-Prat-Schaum servieren.

C050 FARFALLE MIT SPECK, ERBSEN, CHILI UND MINZE

Zutaten für 4 Personen

400 g Farfalle
150 g Erbsenkerne
1 Ei
100 ml flüssige Sahne
1 frische rote Peter-Pepper-Chili
Salz
12 Scheiben Speck
1 Zweig Minze
100 g frisch geriebener Parmesan

C050

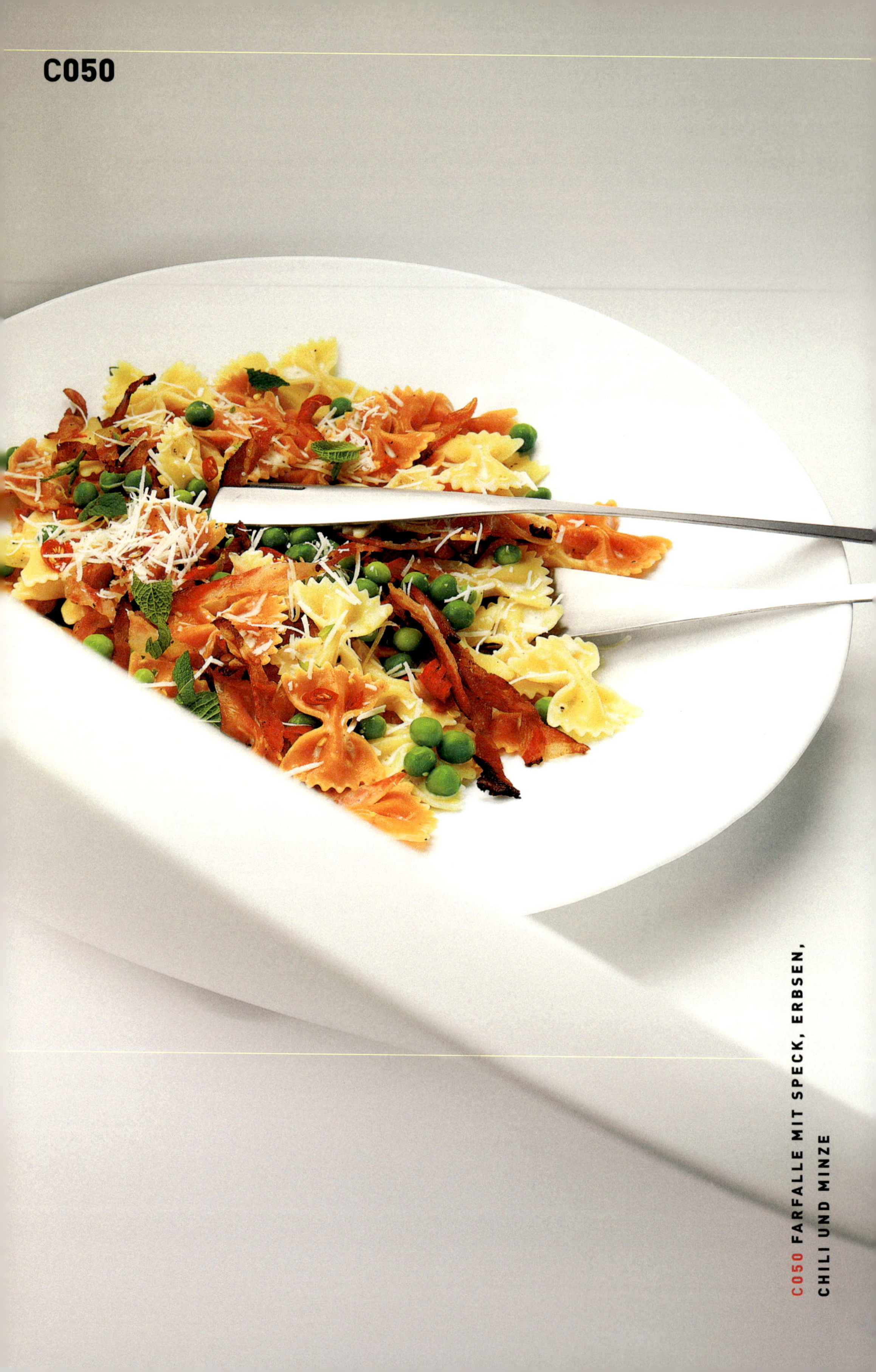

C050 FARFALLE MIT SPECK, ERBSEN, CHILI UND MINZE

1 Reichlich Salzwasser in einem Topf zum Kochen bringen, die Farfalle laut Packungsanweisung zubereiten. 90 Sekunden vor Ende der Kochzeit die Erbsen in das Nudelwasser geben und mitblanchieren.

2 Das Ei mit der Sahne und der entkernten und fein gehackten Chilischote verquirlen, mit Salz würzen.

3 Den in Streifen geschnittenen Speck in einer Pfanne knusprig braten.

4 Die Erbsen-Farfalle abgießen und sofort zu dem Speck geben. Rasch die Sahnecreme unterrühren.

5 Die Minzeblätter dazugeben. Die Farfalle sofort in Pastatellern anrichten. Mit geriebenem Parmesan bestreuen.

C051 SPARGEL-CORDON-BLEU MIT CHILIBRÖSELN

Zutaten für 4 Personen

8 dicke Stangen weißer Spargel

Salz

250 g Explorateur (französischer Kuhmilchkäse, Doppelrahmstufe)

8 Scheiben roher Schinken

8 Scheiben gekochter Schinken

1 frische rote Thai-Chili

100 g Paniermehl

100 g glattes Weizenmehl

2 Eier

neutrales Pflanzenöl zum Frittieren

1 Den Spargel schälen und die Enden abschneiden und in Salzwasser kochen.

2 Die garen Spargelstangen längs halbieren.

3 Den Käse in Streifen schneiden und die Spargelhälften damit belegen.

4 Die anderen Spargelhälften daraufsetzen. Die Stangen erst mit dem rohen, dann mit dem gekochten Schinken umwickeln.

5 Die Chilischote fein hacken und mit dem Paniermehl mischen.

6 Den Spargel nacheinander in Mehl, den verquirlten Eiern und Paniermehl wenden.

7 Den Spargel in heißem Öl ausbacken und heiß servieren.

C052 GEDÄMPFTER CHILI-MANGOLD-STRUDEL IM KAROTTEN-GEWÜRZMILCH-FOND

Zutaten für 4 Personen

Für den Teig

250 g glattes Weizenmehl

125 ml lauwarmes Wasser

½ TL Salz

3 EL neutrales Pflanzenöl zum Bestreichen

2 Eiweiß, verquirlt

Für die Füllung

1 Mangold

1 frische rote Cubanelle-Chili

Salz

Muskat

2 EL Butter

2 EL Paniermehl

Für den Fond

2 Karotten

250 ml Milch

1 Zimtstange

Salz

½ TL Kümmelpulver

125 ml flüssige Sahne

1 Für den Teig Mehl, Wasser, Salz und 2 EL Öl zu einem geschmeidigen Teig verkneten, dann mit Öl bestreichen. Den Teig mit Folie bedecken und mindestens eine halbe Stunde ruhen lassen.

2 Die Mangoldblätter in Streifen schneiden und mit der fein gehackten Chilischote, Salz und Muskat in Butter dünsten.

3 Den Mangold erkalten lassen und mit dem Paniermehl vermengen.

4 Den Strudelteig auf einer bemehlten Fläche dünn ausziehen, in kleine Quadrate schneiden und den Mangold darauf verteilen. Dabei die Ränder freilassen und diese mit etwas verquirltem Eiweiß bestreichen. Die Teigquadrate zu Taschen schließen, die Ränder gut zusammendrücken.

5 Die Mangoldtaschen im Gefrierfach anfrieren (15 Minuten).

6 Die Karotten schälen und fein hacken, mit Milch, Zimt, Salz und Kümmel im verschlossenen Topf weich kochen.

7 Die Zimtstange aus der Karottenmilch entfernen, den Fond mit einem Stabmixer pürieren, dann die Sahne hinzufügen und nochmals aufmixen.

8 Die Strudeltaschen in kochendem Salzwasser so lange pochieren, bis sie an der Oberfläche schwimmen.

9 Die Strudeltaschen mit dem aufgeschäumten Karotten-Gewürzmilch-Fond servieren.

Für den Teig können Sie auch fertige Filoteigplatten (erhältlich im griechischen Feinkostladen) verwenden.

Thank you

Enjoy

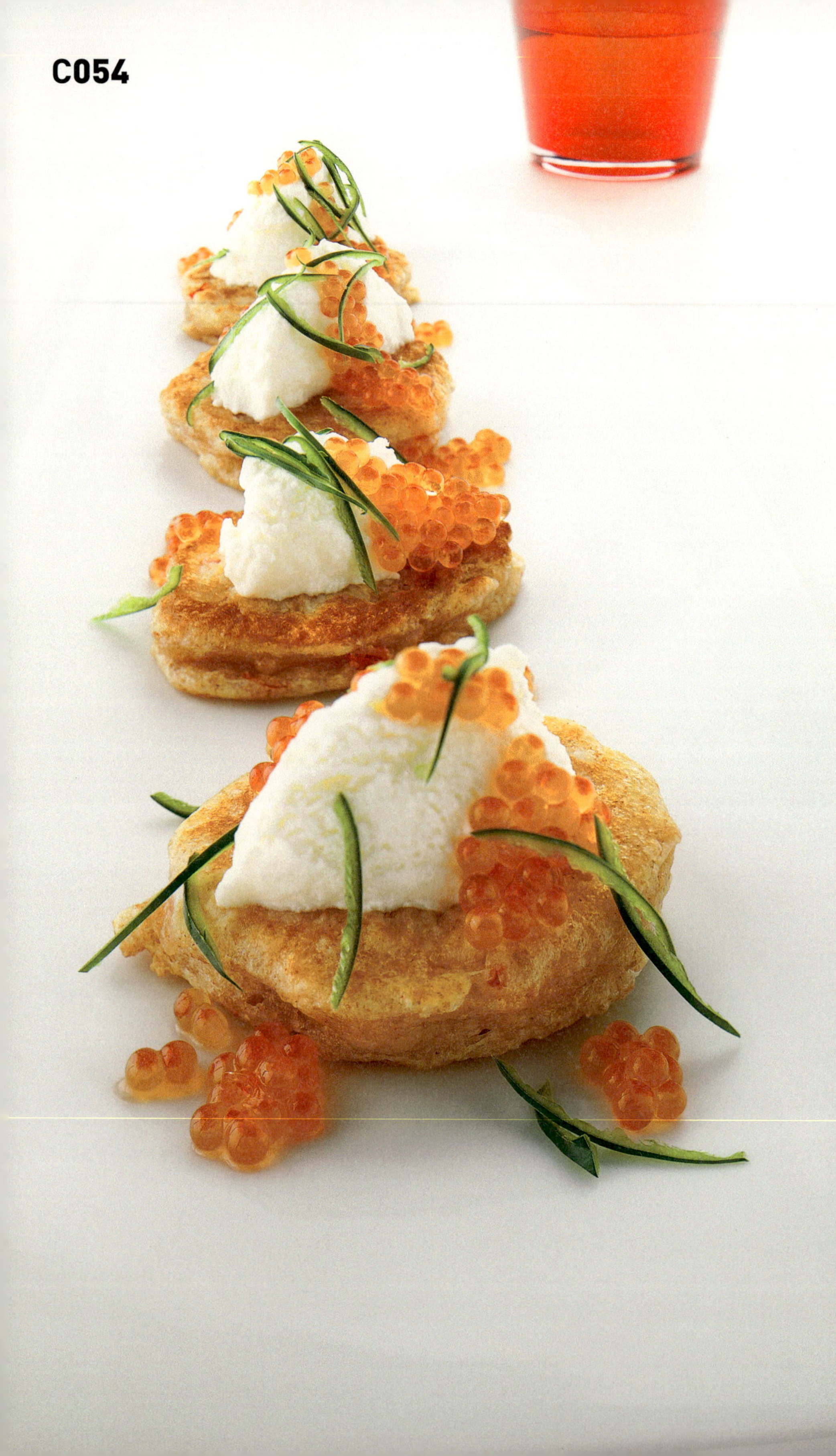

C054 HALBGEFRORENER KEFIR MIT CHILI-BLINI UND KETAKAVIAR

C053 CALAMARI IM KOKOS-CHILI-BACKTEIG

Zutaten für 4 Personen

400 g frische Calamari

Salz

Für den Teig

200 g glattes Weizenmehl

Salz

250 ml trockener Weißwein (oder Bier)

2 Eier

3 TL neutrales Pflanzenöl

2 frische rote Serrano-Chilis

50 g Kokosflocken

neutrales Pflanzenöl zum Frittieren

Zum Anrichten

1 Zitrone

1 Die Calamari putzen, gründlich waschen und in Ringe schneiden.

2 Das Mehl mit dem Salz, Weißwein, Eigelb und Öl zu einem geschmeidigen Teig rühren.

3 Die Chilischoten entkernen, fein hacken und mit den Kokosflocken in einer Pfanne ohne Fett vorsichtig rösten. (Vorsicht, die Chilis verbrennen sehr schnell.)

4 Die Eiweiße steif schlagen.

5 Das Kokos-Chili-Gemisch mit dem Teig vermengen und den Eischnee vorsichtig unterheben.

6 Die Calamari durch den Ausbackteig ziehen und in heißem Öl schwimmend ausbacken. Die frittierten Calamari auf Küchenkrepp abtropfen lassen, mit dem Saft der Zitrone beträufeln und servieren.

C054 HALBGEFRORENER KEFIR MIT CHILI-BLINI UND KETAKAVIAR

Zutaten für 4 Personen

500 g Kefir

Salz

weißer Pfeffer

250 ml flüssige Sahne

100 g Ketakaviar

1 frische grüne Jalapeño-Chili

C055

Für die Blinis

500 ml Milch
½ TL Kristallzucker
10 g frische Hefe
250 g Buchweizenmehl
1 frische grüne Jalapeño-Chili
Salz
25 g Butter
1 Eigelb
Olivenöl
1 Zitrone

1 Den Kefir mit Salz und Pfeffer würzen. Die Sahne steif schlagen und unterheben.

2 Die Kefircreme in eine mit Klarsichtfolie ausgelegte Form geben und 2 Stunden tiefkühlen.

3 125 ml Milch mit Zucker lauwarm erwärmen. Die zerbröselte Hefe darin auflösen.

4 Das Mehl in eine Schüssel sieben, in die Mitte eine Mulde drücken und die Hefemischung hineingießen.

5 Noch ein wenig Mehl unter den Vorteig mengen und ihn an einem warmen Ort ca. 20 Minuten gehen lassen.

6 Eine Chilischote entkernen, fein hacken und unter den Teig mischen.

7 Die restliche Milch mit Salz, geschmolzener Butter und dem Eigelb unter den Teig rühren.

8 Den Teig nochmals 90 Minuten gehen lassen.

9 Den Bliniteig löffelweise in eine Pfanne mit mittelheißem Olivenöl geben und von beiden Seiten 4 Minuten goldbraun backen.

10 Den Kefir aus dem Tiefkühlfach nehmen, mit einem Löffel portionieren und auf den Blinis anrichten.

11 Die Blinis mit dem Kaviar belegen, mit der in Streifen geschnittenen Chili bestreuen und mit Zitronenspalten dekorieren.

C055 GELBES CHILI-GULYAS VOM BRESSE-HUHN

Zutaten für 4 Personen

1 Bresse-Huhn (ca. 2 kg)
2 Zwiebeln
1 Knoblauchzehe
2 EL Olivenöl
3 gelbe Paprikas
1 frische Red-Habanero-Chili

| 125 ml trockener Weißwein |
| 500 ml Geflügelfond |
| Salz |
| 3 EL Crème fraîche |
| 1 EL gehackter Majoran |
| 2 EL gehackte Petersilie |

1. Das Huhn enthäuten, entbeinen und das Fleisch in grobe Würfel schneiden.
2. Die Zwiebeln und den Knoblauch schälen und in kleine Würfel schneiden. Das Olivenöl in einem Topf erhitzen. Zwiebel und Knoblauch darin glasig dünsten.
3. Die Paprikas von Scheidewänden und Kernen befreien, würfeln und mit der gehackten Chili zu den Zwiebeln geben. Die Chilis mitrösten, ohne dass sie Farbe annehmen.
4. Das Gulyas mit Weißwein ablöschen und mit Geflügelfond aufgießen. Das Hühnerfleisch dazugeben und weich kochen.
5. Das gare Hühnerfleisch aus dem Gulyas-Fond nehmen. Den Fond salzen und mit der Crème fraîche pürieren.
6. Die Fleischwürfel wieder in den Gulyas-Fond geben und mit Majoran und Petersilie nochmals aufkochen.

C056 PECORINO MIT HONIG-CHILI-MARINADE UND ROSMARINCROSTINI

Zutaten für 4 Personen

| 500 g junger Pecorino |

Für die Marinade

| 2 frische rote New-Mexican-Chilis (Chimayo) |
| 6 EL flüssiger Honig |
| 2 EL Weißweinessig |
| 1 EL Meersalz |

Für die Crostini

| 1 Stange Baguette |
| 4 EL Olivenöl |
| 1 Zweig Rosmarin |

1. Die Chilischoten fein hacken und mit dem Honig, dem Weißweinessig und dem Meersalz zu einer Marinade verrühren.
2. Den Pecorino mit der Marinade bestreichen und mindestens 3 Stunden ziehen lassen.

2 Das Baguette in 3 cm dicke Scheiben schneiden. Das Olivenöl in einer Pfanne erhitzen. Das Baguette darin mit dem gehackten Rosmarin knusprig braten.

3 Die heißen Baguettescheiben mit dem in Scheiben geschnittenen Käse anrichten.

C057 RUCOLASALAT MIT OLIVEN UND CHILI-PARMESANCHIPS

Zutaten für 4 Personen

4 Handvoll Rucola
2 frische rote Chilis (New Mexican oder Anaheim)
200 g Parmesan am Stück
2 EL junger Aceto balsamico
6 EL Olivenöl
Salz
schwarzer Pfeffer
16 grüne Oliven
16 schwarze Oliven

1 Den Rucola waschen, die groben Stiele entfernen und in der Salatschleuder trockenschleudern.

2 Die Chilischoten entkernen und fein hacken, den Parmesan fein reiben.

3 Den Parmesan dünn auf ein mit Backpapier belegtes Backblech streuen. (Es dürfen keine Zwischenräume bleiben.) Die gehackten Chilischoten gleichmäßig darauf verteilen.

4 Das Blech in den auf 200°C vorgeheizten Backofen (Umluft) geben, bis der Parmesan schmilzt und goldgelb wird.

5 Die Chili-Parmesan-Platte aus dem Backofen nehmen, kurz abkühlen lassen, dann in gleichmäßige Chips brechen und vollständig erkalten lassen.

6 Den Balsamico und das Olivenöl mit Salz und Pfeffer würzen und zu einem homogenen Dressing verrühren.

7 Die Oliven entkernen und in Streifen schneiden.

8 Den Rucola mit dem Dressing marinieren und mit den Oliven und den Chips anrichten.

C058 SCHAFSKÄSE-CHILI-TERRINE MIT AHORNSIRUP

Zutaten für 4 Personen

300 g Schafskäse (Feta oder Manouri)
50 g Naturjoghurt
Salz
1 frische rote Thai-Chili
5 Blatt weiße Gelatine

C060

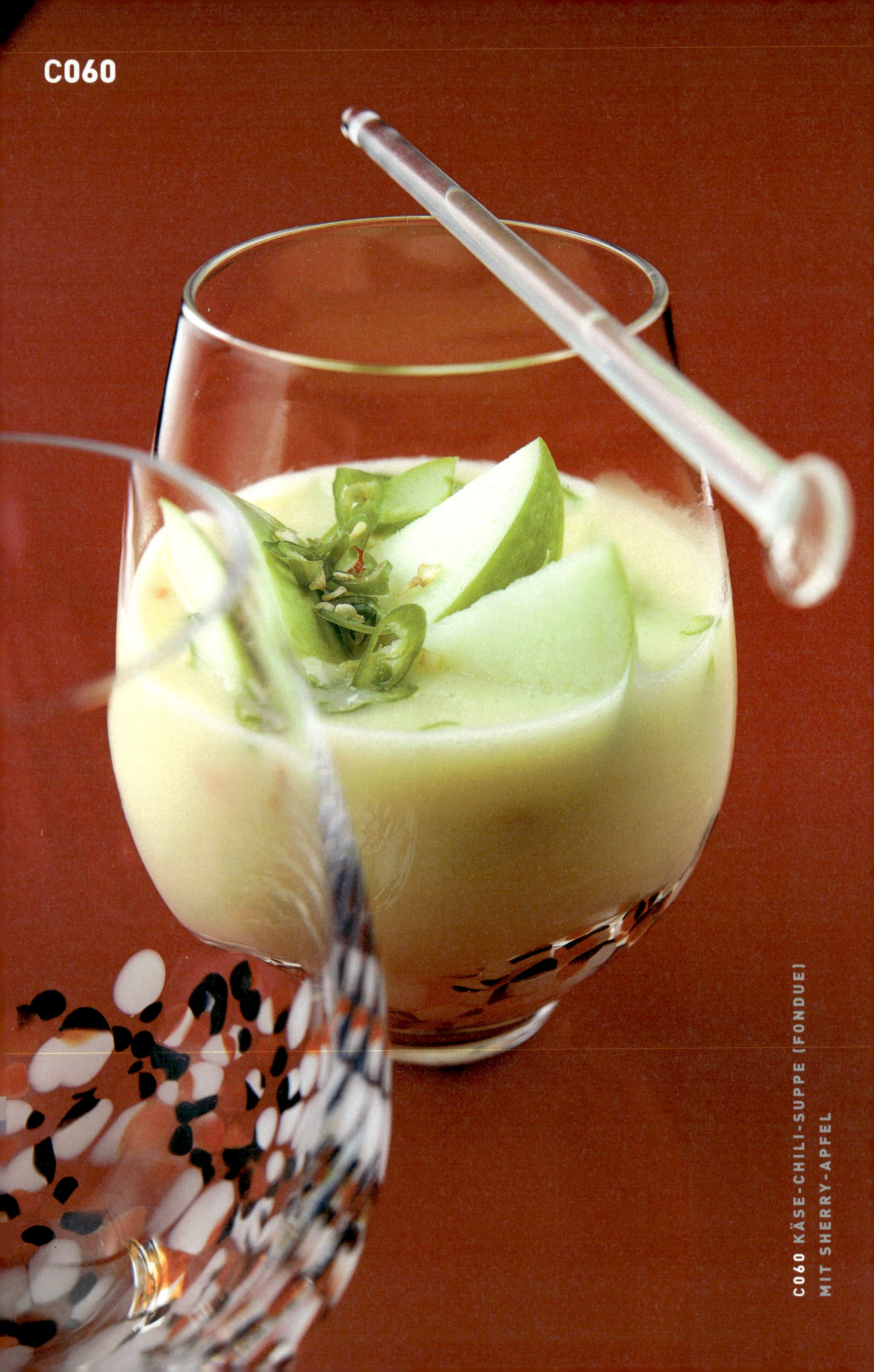

C060 KÄSE-CHILI-SUPPE (FONDUE) MIT SHERRY-APFEL

250 ml flüssige Sahne

4 EL Ahornsirup

grob gemahlener schwarzer Pfeffer zum Verzieren

1 Den Schafskäse mit dem Joghurt glatt rühren und salzen. Die gehackte und entkernte Chilischote untermischen.

2 Die Gelatine in kaltem Wasser einweichen, nach 5 Minuten ausdrücken und erwärmen. Die warme Gelatine unter die Schafskäsemasse rühren.

3 Die Sahne halbsteif schlagen und unter die Joghurt-Käse-Masse heben. Die Creme in kleine Formen füllen und mindestens 2 Stunden kalt stellen.

4 Die Förmchen aus dem Kühlschrank nehmen und stürzen. Die Schafskäse-Chili-Terrinen mit Ahornsirup begießen und mit grob gemahlenem Pfeffer bestreuen.

C059 GESCHMOLZENER CHEDDAR MIT CHILI-FRENCH-TOAST

Zutaten für 4 Personen

500 g Cheddar

1 frische rote Jalapeño-Chili

6 EL Milch

2 Eier

4 Scheiben Toastbrot

Salz

50 g Butterschmalz

1 Den Käse in 1 cm dicke Scheiben schneiden und auf ein mit Backpapier ausgelegtes Backblech legen.

2 Die Käsescheiben im auf 190°C vorgeheizten Backofen (Ober-/Unterhitze) schmelzen lassen.

3 Die Chilischote entkernen, fein hacken und mit der Milch aufkochen. Die Chili-Milch etwas abkühlen lassen.

4 Die Eier unter die Chili-Milch rühren, die Toastbrotscheiben darin wenden und salzen.

5 Die getränkten Toastscheiben in Butterschmalz knusprig braten, dann auf Küchenpapier abtropfen lassen.

6 Den geschmolzenen Käse auf die Toasts geben und heiß servieren.

C060 KÄSE-CHILI-SUPPE (FONDUE) MIT SHERRY-APFEL

Zutaten für 4 Personen

100 g Appenzeller
100 g Emmentaler
100 g Gruyère
100 g Gouda
500 ml trockener Weißwein
Salz
1 frische grüne Thai-Chili
2 Äpfel (Granny Smith)
20 ml trockener Sherry

1 Alle Käsesorten reiben, in einen Topf geben und mit dem Weißwein vermengen.
2 Die Käse-Wein-Mischung unter ständigem Rühren schmelzen, salzen und mit der fein gehackten Chilischote würzen.
3 Die Äpfel in schmale Spalten schneiden und mit dem Sherry marinieren.
4 Die Käse-Chili-Suppe auf vier Gläser oder Teller verteilen und mit den Sherry-Äpfeln dekorieren.

C061 GEBRATENE CHILIFEIGEN MIT ZIEGENFRISCHKÄSE

Zutaten für 4 Personen

8 reife Feigen
2 EL roter Portwein
2 EL Cassis
2 EL Wasser
1 frische rote Carmen-Chili
Salz
250 g Ziegenfrischkäse

1 Die Feigen rundherum mehrmals mit einer spitzen Nadel einstechen.
2 Für die Marinade Portwein, Cassis und Wasser vermischen und mit der halbierten Chilischote aufkochen und mit Salz abschmecken.
3 Die Feigen mit der Marinade beträufeln und mindestens 12 Stunden im Kühlschrank ziehen lassen.
4 Die Feigen vor dem Servieren auf Zimmertemperatur bringen und mit dem Ziegenfrischkäse anrichten.

C062 EXPLORATEUR-CHILI-TORTE MIT NÜSSEN

Zutaten für 4 Personen

400 g Explorateur (französischer Kuhmilchkäse, Doppelrahmstufe)
2 EL weißer Portwein
2 EL trockener Sherry
3 frische rote Carmen-Chilis
100 g Walnusskerne
50 g Pinienkerne
etwas flüssiger Honig

1 Den Käse entrinden und mit einem Mixer cremig rühren.

2 Portwein und Sherry mischen, mit zwei gehackten Chilischoten aufkochen und die Käsecreme darunterrühren.

3 Eine runde Stellform auf einen großen Teller setzen. Die Käsecreme in die Form füllen und die Oberfläche glatt streichen. Die Käsecreme 2 Stunden kalt stellen. Dann die Stellform abnehmen.

4 Die Käsetorte vor dem Servieren mit den Walnüssen, den Pinienkernen und der restlichen gehackten Chili bestreuen. Die Torte nach Belieben mit etwas Hoing verzieren und in dreieckige Stücke schneiden.

C063 VACHERIN MONT D'OR MIT LAUWARMER BIRNEN-CHILI-MARINADE

Zutaten für 4 Personen

500 g Vacherin Mont d'Or (französischer bzw. Schweizer Kuhmilchweichkäse)
250 ml weißer Portwein
125 ml trockener Weißwein
1 Zimtstange
1 Vanilleschote
2 Birnen
1 frische rote Thai-Chili
Salz

1 Portwein und Weißwein mischen, mit der Zimtstange und der aufgeschlitzten Vanilleschote aufkochen.

2 Die geschälten, entkernten und in Würfel geschnittenen Birnen und die entkernte, fein gehackte Chilischote dazugeben und weich pochieren.

3 Die Birnen-Chili-Marinade mit Salz abschmecken und warm mit dem Vacherin servieren.

C062

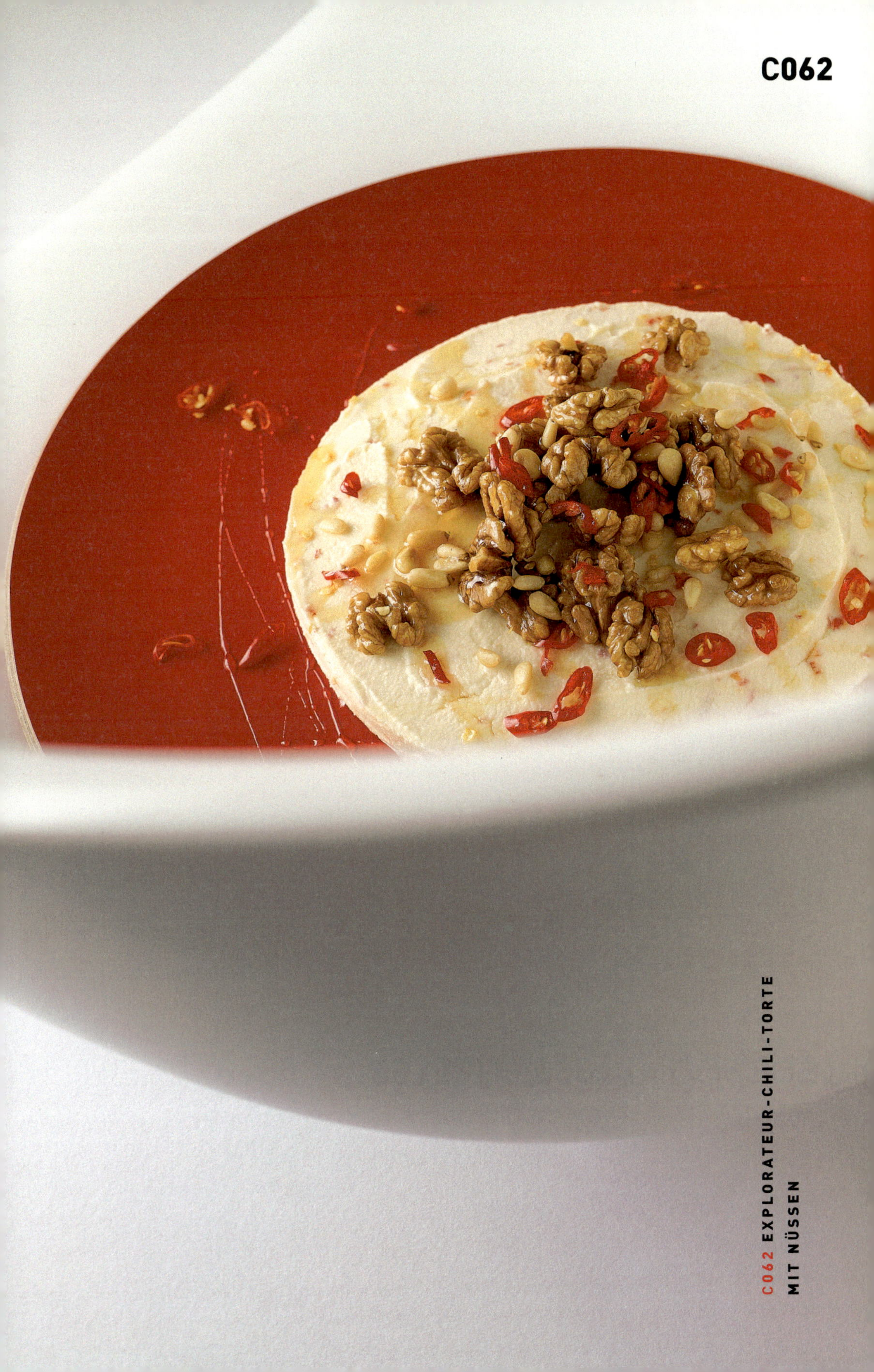

C062 EXPLORATEUR-CHILI-TORTE MIT NÜSSEN

C064 GRANA IN GRAPPA UND CHILI EINGELEGT MIT KAFFEEBOHNEN

Zutaten für 4 Personen

500 g Grana Padano
2 frische rote Cayenne-Chilis
2 EL Kaffeebohnen
2 EL flüssiger Honig
80 ml Grappa

1 Die Chilischoten entkernen und fein hacken.
2 Die Kaffeebohnen in einem Mörser grob zerstoßen.
3 Chilischoten, Kaffeebohnen, Honig und Grappa zu einer Marinade verrühren. Den Käse in grobe Stücke brechen und mit der Marinade bedecken.
4 Den Grana 3 Stunden an einem warmen Ort marinieren.
5 Den Grana von der Marinade befreien und servieren.

C065 ZIEGENKÄSE IN DER ASCHE MIT CHILI-MANGO-CHUTNEY

Zutaten für 6 Personen

500 g Ziegenkäse in der Asche (z.B. Cabri gatineau)
1 Mango
1 Zwiebel
1 Knoblauchzehe
2 EL Butter
2 EL flüssiger Honig
1 frische rote Thai-Chili
Salz

1 Die Mango schälen, das Fruchtfleisch vom Stein lösen und in Würfel schneiden.
2 Die Zwiebel und die Knoblauchzehe schälen und in feine Würfel schneiden. Die Butter in einer Pfanne erhitzen, die Zwiebel und den Knoblauch darin goldgelb dünsten.
3 Den Honig und die gehackte Chilischote in die Pfanne geben, salzen.
4 Die Mangowürfel unterrühren und kurz durchschwitzen.
5 Das Chutney in ein Glas geben und dieses luftdicht verschließen. Das Chutney 2 Tage ziehen lassen.
6 Das Chutney mit dem Ziegenkäse servieren.

C066 BUTTERKÄSE IN CHILIBRÖSELN GEBACKEN
MIT SALZGURKEN

Zutaten für 4 Personen

400 g Butterkäse
1 frische rote Thai-Chili
100 g Paniermehl
100 g glattes Weizenmehl
2 Eier
neutrales Pflanzenöl zum Frittieren
4 Salzgurken

1 Die Chilischote entkernen, fein hacken und unter das Paniermehl mischen.

2 Den Butterkäse in vier dicke Scheiben schneiden. Die Scheiben nacheinander in Mehl, verquirltem Ei und der Chilipanade wenden.

3 Das Öl erhitzen und den Käse darin rasch schwimmend ausbacken. Die frittierten Käsescheiben aus der Pfanne nehmen und auf Küchenpapier abtropfen lassen.

4 Die Salzgurken in Scheiben schneiden und mit dem heißen Käseschnitzel servieren.

HAUPTSPEISEN

C069

**Mit Chili und Kreuz-
kümmel marinierter
Honigschweinebraten
aus Erdnusskraut**

C070

**Marokkanischer
Kalbstafelspitz
in Chili und Gewür-
zen geschmort mit
Orangen-Couscous**

**C076 Chili-Kalbspolpetti in grüner
Tomaten-Kräuter-Sauce**

C075

**Parmesan-Kaninchenroulade
mit Chili-Oliven-Polenta**

C077

**Knusprige Chili-Ente mit
Sprossengemüse**

**C080 Lammkrone mit
Zitronenthymian-
Chili-Kruste und
süßem Paprika**

HAUPTSPEISEN

C067 Taube mit Gänseleber-Biroche-Füllung im Chili-Pfirsich-Sud

C068 Mein Chili (Chili con Carne mit vier Sorten Fleisch)

C069 Mit Chili und Kreuzkümmel marinierter Honigschweinebraten auf Erdnusskraut

C070 Marokkanischer Kalbstafelspitz in Chili und Gewürzen geschmort mit Orangen-Couscous

C071 Lammkeule in Kräuter-Chili-Joghurt gebraten mit Tomaten und Kichererbsen

C072 Kalbsleber mit Chili-Bratapfel und Majoranjus

C073 Sauté von der Wachtel in Zimt und Chili gebraten mit Topinamburpüree

C074 Kalbsfilet in der Trüffelkruste mit Chili-Petersilien-Fond

C075 Parmesan-Kaninchen-Roulade mit Chili-Oliven-Polenta

C076 Chili-Kalbspolpetti in grüner Tomaten-Kräuter-Sauce

C077 Knusprige Chili-Ente mit Sprossengemüse

C078 Sauté vom Strohferkel mit Rohrzucker-Ingwer-Chili-Sauce und Süßkartoffeln

C079 Fasanenbrust im Schinkenmantel mit Schwarzwurzeln und Preiselbeer-Chili-Sorbet

C080 Lammkrone mit Zitronenthymian-Chili-Kruste und süßem Paprika

C081 Hirschkalbsrücken mit Mohnnudeln und Shiraz-Chili-Birne

C082 Chili-Wels mit Senfkohlrabi

C083

**Kabeljau aus dem Chili-
dampf mit Sauerampfer
und rotem Reis**

C088

**Risotto »Schwarz-Weiß«
mit roter Chili-Nage**

C093

**Yellowfin Tuna
in der Chili-
Sesam-Kruste
mit Radieschen-
Rucola-Salat**

C096

**Feurige Ratatouille mit
Rouget Barbet aus der Folie**

C 0 8 3 Kabeljau aus dem Chilidampf mit Sauerampfer und rotem Reis

C 0 8 4 Goldbrasse in Chili-Tempura mit Erbsenschotenwok

C 0 8 5 Räucherforellenstrudel mit lauwarmen Chili-Rote-Rüben-Salat

C 0 8 6 Seeteufel in Chilikarotten gedämpft mit Basilikumpesto

C 0 8 7 Karpfen mit scharfer Lebkuchensauce und Pflaumen

C 0 8 8 Risotto »Schwarz-Weiß« mit roter Chili-Nage

C 0 8 9 Hummer mit Chiliöl und Spargel-Couscous

C 0 9 0 Branzino mit Speck, Estragon und Chili gefüllt,
in Riesling pochiert

C 0 9 1 Schottischer Lachs mit Pommery-Chili-Senf-Sauce
und Gurkengemüse

C 0 9 2 Steinbutt im Safranfond mit Limetten-Chili-Austern

C 0 9 3 Yellowfin Tuna in der Chili-Sesam-Kruste mit
Radieschen-Rucola-Salat

C 0 9 4 Heilbutt mit Zitronen-Chili-Sauce und Kaviar

C 0 9 5 Eglischnitzel mit lauwarmem Chili-Kartoffel-Feldsalat

C 0 9 6 Feurige Ratatouille mit Rouget Barbet aus der Folie

C 0 9 7 Rochenflügel in Chili-Grapefruit pochiert mit Granatapfel

C067 TAUBE MIT GÄNSELEBER-BRIOCHE-FÜLLUNG IM CHILI-PFIRSICH-SUD

Zutaten für 4 Personen

400 g Hefezopf (Brioche)
250 ml Milch
Salz
1 EL gehackter Majoran
150 g frische rohe Gänseleber
1 Ei
4 küchenfertige Tauben
1 EL Olivenöl
4 frische Pfirsiche
125 ml trockener Weißwein
2 EL Butter
1 frische rote Thai-Chili
1 Zitrone

1 Die Brioche in Würfel schneiden und in eine Schüssel geben.

2 Die Milch mit Salz, Majoran und der klein geschnittenen Gänseleber aufkochen, dann den Topf vom Herd nehmen und den Inhalt leicht abkühlen lassen. Das Ei dazugeben und das Gemisch pürieren.

3 Die Brioche mit der Gänselebermischung übergießen und gut verrühren.

4 Die Tauben innen und außen waschen, trocknen und mit der Gänseleber-Brioche-Mischung füllen.

5 Das Olivenöl in einer Pfanne erhitzen. Darin die Tauben rundherum scharf anbraten.

6 Die Tauben im auf 180°C vorgeheizten Backofen (Ober-/Unterhitze) ca. 15 Minuten braten.

7 In der Zwischenzeit die Pfirsiche in gleich große Spalten schneiden.

8 Den Weißwein mit der Butter und der fein gehackten Chilischote erwärmen. Zitronensaft und Salz dazugeben. Die Pfirsichspalten in dem Sud erhitzen. Beiseitestellen.

9 Die Tauben aus dem Ofen nehmen und den ausgetretenen Bratensaft zu den Pfirsichen geben.

10 Die Tauben mit den Pfirsichspalten anrichten und servieren.

C068 MEIN CHILI (CHILI CON CARNE MIT VIER SORTEN FLEISCH)

Zutaten für 4 Personen

50 g weiße Bohnenkerne
50 g rote Bohnenkerne
2 Zwiebeln

| 2 EL Olivenöl |
| 2 Knoblauchzehen |
| 2 frische rote Thai-Chilis |
| 100 g Hühnerbrust |
| 100 g Kalbsfilet |
| 100 g Rinderfilet |
| 100 g Schweinefilet |
| 400 g geschälte Tomaten |
| 1 EL Paprikapulver |
| 100 g Maiskörner aus der Dose |
| Salz |
| 2 EL gehackte Bitterschokolade (70 % Kakao) |

1 Die Bohnen über Nacht in Wasser einweichen.

2 Die Zwiebeln schälen und in grobe Würfel schneiden.

3 Das Olivenöl in einem Topf erhitzen. Die Zwiebeln darin anbraten, den gepressten Knoblauch und die ganzen Chilischoten dazugeben.

4 Alle Fleischsorten in gleich große Würfel schneiden.

5 Das Fleisch zu dem Zwiebelgemisch geben und kurz mitdünsten.

6 Die geschälten Tomaten und das Paprikapulver dazugeben.

7 Die eingeweichten Bohnen untermengen. Das Chili wenn nötig mit Wasser aufgießen.

8 Das Chili im geschlossenen Topf so lange kochen, bis die Bohnen und das Fleisch weich sind.

9 Die Maiskörner dazugeben und einige Minuten erwärmen.

10 Das Chili mit Salz abschmecken und die gehackte Schokolade untermengen.

C069 MIT CHILI UND KREUZKÜMMEL MARINIERTER HONIG-SCHWEINEBRATEN AUF ERDNUSSKRAUT

Zutaten für 4 Personen

| 500 ml trockener Weißwein |
| 2 EL Kreuzkümmel |
| 2 EL flüssiger Honig |
| Salz |
| 2 frische rote Cayenne-Chilis |
| 1,5 kg Halsgrat vom Schwein (am Stück) |
| 1 EL Olivenöl |
| 1 Knoblauchzehe |
| 1 Kopf Weißkohl |
| 1 EL Erdnussöl |
| 1 Zwiebel |
| 2 EL Kristallzucker |

C069

C069 MIT CHILI UND KREUZKÜMMEL
MARINIERTER HONIGSCHWEINEBRATEN
AUF ERDNUSSKRAUT

200 g gehackte Erdnusskerne

weißer Aceto balsamico

1 Den Weißwein mit Kreuzkümmel, Honig, Salz und den gehackten Chilischoten aufkochen. Die Marinade über den Schweinebraten gießen, über Nacht marinieren.

2 Das Olivenöl in einem Bräter erhitzen. Das Fleisch aus der Marinade nehmen und von allen Seiten scharf anbraten. Die Form in den auf 195°C vorgeheizten Backofen (Ober-/Unterhitze) stellen.

3 Nach 10 Minuten Bratzeit den geschälten Knoblauch hinzufügen und mit der Marinade aufgießen.

4 Die Ofentemperatur auf 160°C reduzieren und das Fleisch ca. 2 Stunden braten.

5 In der Zwischenzeit den Weißkohl in feine Streifen schneiden und in dem Erdnussöl leicht anbraten.

6 Die geschälte und in Streifen geschnittene Zwiebel dazugeben, mit Zucker bestreuen und leicht karamellisieren lassen.

7 Den Weißkohl mit 250 ml Wasser ablöschen, die Erdnüsse dazugeben und kochen, bis der Kohl weich ist.

8 Das Erdnusskraut mit Balsamicoessig und Salz würzen.

9 Den Braten aus dem Backofen nehmen, aufschneiden und auf dem Erdnusskraut servieren.

C070 MAROKKANISCHER KALBSTAFELSPITZ IN CHILI UND GEWÜRZEN GESCHMORT MIT ORANGEN-COUSCOUS

Zutaten für 4 Personen

1 Zwiebel

1 EL Olivenöl

1 EL Kreuzkümmel

2 Sternanis

2 frische Lorbeerblätter

1 EL Senfkörner

1 EL Korianderkörner

1 EL flüssiger Honig

1 frische rote Jalapeño-Chili

250 ml roter Portwein

250 ml trockener Rotwein

1 l Hühnerfond

Salz

500 g Kalbstafelspitz

200 g Instant-Couscous

4 Orangen

2 kalte EL Butter

einige Blätter Minze

1 Die Zwiebel schälen und in grobe Würfel schneiden. Das Olivenöl in einem Topf erhitzen. Die Zwiebel darin anbraten.
2 Die Gewürze, den Honig und die gehackte Chilischote zu den Zwiebeln geben und kurz durchschwenken. Mit Portwein und Rotwein ablöschen.
3 Den Hühnerfond aufgießen, salzen und einmal aufkochen.
4 Den Tafelspitz in den Fond geben und ca. 40 Minuten weich dünsten.
5 Das Couscous laut Packungsangabe zubereiten.
6 Die Orangen schälen und filetieren.
7 Den Tafelspitz aus dem Fond nehmen, die Gewürze entfernen und den Fond auf die Hälfte der Menge einkochen.
8 Die Orangenfilets unter das Couscous mischen und auf einem Teller anrichten.
9 Den Tafelspitz in Scheiben schneiden und auf dem Couscous verteilen.
10 Den Fond mit Butter vollenden und über den Tafelspitz gießen.
11 Die angerichteten Teller mit Minze dekorieren.

C071 LAMMKEULE IN KRÄUTER-CHILI-JOGHURT GEBRATEN MIT TOMATEN UND KICHERERBSEN

Zutaten für 6 Personen

150 g Kichererbsen

1 Lammkeule à ca. 1,5 kg, entbeint

1 Knoblauchzehe

Salz

2 EL Olivenöl

2 Zweige Liebstöckel

1 EL frischer Rosmarin

1 frische rote Hot-Thai-Chili

300 g Naturjoghurt

8 Tomaten

Thaibasilikum

1 Die Kichererbsen 12 Stunden in kaltem Wasser einweichen.
2 Die Lammkeule mit der halbierten Knoblauchzehe einreiben und salzen. Den Knoblauch aufbewahren.
3 1 EL Olivenöl in einem Bräter erhitzen. Die Lammkeule darin anbraten. Die Form in den auf 160°C vorgeheizten Backofen (Ober-/Unterhitze) geben.
4 Das Fleisch nach 10 Minuten wenden, nach weiteren 10 Minuten mit 250 ml Wasser aufgießen.

5 Die gehackten Kräuter und den gehackten Knoblauch über das Fleisch geben.

6 Nach 40 Minuten die Ofentemperatur auf 135 °C reduzieren.

7 Die Kichererbsen abgießen, mit frischem Wasser bedecken und aufkochen. 10 Minuten ziehen lassen, mit Wasser angießen und wieder aufkochen. Den Vorgang wiederholen, bis die Kichererbsen weich sind.

8 Die Chilischote entkernen, fein hacken und mit dem Joghurt verrühren. Den Chili-Joghurt auf der Lammkeule verteilen.

10 Das Fleisch noch 25 Minuten im Backofen weiterbraten.

11 Die Kichererbsen abgießen und in einen Topf mit 1 EL Olivenöl geben. Die gewürfelten Tomaten dazugeben. Salzen.

12 Die Lammkeule aus dem Backofen nehmen, in Scheiben schneiden und mit den Kichererbsen anrichten. Das Fleisch mit dem Bratensaft übergießen. Die angerichteten Portionen mit dem Thaibasilikum garnieren.

C072 KALBSLEBER MIT CHILI-BRATAPFEL UND MAJORANJUS

Zutaten für 4 Personen

100 g geriebene Mandeln
8 EL Butter
2 frische grüne Jalapeño-Chilis
4 Äpfel (Elstar)
4 Scheiben Kalbsleber à 160 g
1 EL Olivenöl
Salz
250 ml roter Portwein
2 EL gehackter Majoran
2 EL Aceto balsamico

1 Die Mandeln mit 4 EL Butter und den entkernten und fein gehackten Chilischoten vermengen.

2 Die Äpfel waschen und die Kerngehäuse ausstechen. Die Mandel-Chili-Butter in die Äpfel füllen.

3 Die Äpfel im auf 200 °C vorgeheizten Backofen (Ober-/Unterhitze) 20 Minuten braten.

4 Das Olivenöl in einer Pfanne sanft erhitzen. Darin bei geringer Hitze die Leber von beiden Seiten je 3 Minuten braten.

5 Die Leber aus der Pfanne nehmen und salzen. Den Bratensatz mit Portwein ablöschen. Die restliche kalte Butter und den Majoran dazugeben, die Leberscheiben wieder einlegen und noch einmal erwärmen.

6 Die Bratäpfel aus dem Ofen nehmen und mit dem Balsamicoessig beträufeln.

7 Die Leber mit den Äpfeln anrichten und servieren.

C073 SAUTÉ VON DER WACHTEL IN ZIMT UND CHILI
GEBRATEN MIT TOPINAMBURPÜREE

Zutaten für 4 Personen

300 g Topinambur

Salz

3 EL Butter

1 Prise Muskat

4 küchenfertige Wachteln

1 EL Olivenöl

2 Stangen Zimt

1 frische rote Thai-Chili

125 ml Geflügelfond

1 Die Topinambur schälen und in Salzwasser je nach Größe ca. 20 Minuten weich kochen.

2 Das Kochwasser abgießen und die Topinambur mit einem Stabmixer pürieren. 2 EL Butter, Salz und Muskat zu dem Püree geben.

3 Von den Wachteln die Brüste und Keulen auslösen und mit Salz würzen.

4 Das Olivenöl in einem Topf erhitzen. Darin die Wachtelteile scharf anbraten, dann aus der Pfanne nehmen.

5 Die Zimtstangen und die halbierte Chilischote in die Pfanne geben und kurz durchschwenken.

6 Den Bratensatz mit Geflügelfond ablöschen und auf die Hälfte einkochen.

7 Die Wachtelstücke dazugeben und nochmals aufkochen.

8 Die restliche Butter in den Fond geben und durchschwenken.

9 Die Wachtelsautés mit dem Topinamburpüree servieren.

C074 KALBSFILET IN DER TRÜFFELKRUSTE MIT
CHILI-PETERSILIEN-FOND

Zutaten für 4 Personen

1 Perigord-Trüffel (ca. 15 g, erhältlich im Feinkostladen)

4 Scheiben Weißbrot (vom Vortag)

Salz

4 EL Maiskeimöl

500 g Kalbsfilet

1 EL Olivenöl

2 Petersilienwurzeln

100 ml trockener Weißwein

1 Knoblauchzehe

1 frische rote Cayenne-Chili

4 EL Butter

4 EL gehackte Petersilie

1 Die Brotscheiben mit dem klein geschnittenen Trüffel in der Küchenmaschine zu Bröseln verarbeiten.

2 Die Brösel salzen, mit dem Öl vermischen und kalt stellen.

3 Das Kalbsfilet in 4 gleiche Stücke schneiden und mit Salz würzen.

4 Das Olivenöl in einer Pfanne erhitzen. Die Filets darin von beiden Seiten scharf anbraten.

5 Die Kalbsfilets in den auf 160°C vorgeheizten Backofen (Ober-/Unter-hitze) geben und 5 Minuten braten, dann aus dem Ofen nehmen und beiseitestellen. Den Backofen auf Grillfunktion umschalten.

6 Die Petersilienwurzeln schälen, würfeln und mit Weißwein, Knoblauch und 500 ml Wasser 10 Minuten kochen.

7 Die Petersilienwurzeln abgießen, die Flüssigkeit auffangen und auf die Hälfte einkochen.

8 Die Chilischote fein hacken, in den Sud geben und nur noch ziehen lassen.

9 Die Kalbsfilets mit den Trüffelbröseln bestreichen und im vorgeheizten Backofen bei Grill-Oberhitze kurz gratinieren.

10 Den Chili-Petersilien-Fond mit Butter und der gehackten Petersilie aufmixen, dann mit Salz abschmecken. Die Kalbsfilets auf dem Fond anrichten und servieren.

C075 PARMESAN-KANINCHEN-ROULADE MIT CHILI-OLIVEN-POLENTA

Zutaten für 4 Personen

8 entbeinte Kaninchenkeulen

Salz

weißer Pfeffer

200 g frisch geriebener Parmesan

2 EL Paniermehl

etwas flüssige Butter zum Bestreichen

250 g Maisgrieß (Instant-Polenta)

1 frische rote Thai-Chili

125 ml trockener Sherry

4 EL Butter

16 schwarze Oliven

1 EL gehackter Rosmarin

1 Die Kaninchenkeulen flach klopfen, mit Salz und Pfeffer würzen und die Inennseiten mit Parmesan und Paniermehl bestreuen. Das so vorbereitete Fleisch auf je ein gefettetes Blatt Alufolie legen und zu Rouladen rollen.

C076

2   Die in Folien gewickelten Rouladen auf ein Backblech legen und im auf 190 °C vorgeheizten Backofen (Ober-/Unterhitze) 20 Minuten braten.

3   1 l Wasser zum Kochen bringen, den Polentagrieß einrieseln lassen und unter ständigem Rühren aufkochen.

4   Die Chilischote fein hacken und unter die Polentamasse geben. Die Polenta vom Herd nehmen und noch 15 Minuten ziehen lassen.

5   In einer Stielkasserolle den Sherry mit der Butter einkochen.

6   Die Oliven entsteinen und unter die Polenta rühren, salzen.

7   Die Kaninchen-Rouladen aus der Folie nehmen, aufschneiden und mit der Polenta anrichten.

8   Den Bratensaft aus der Alufolie mit dem Sherry-Butter-Fond vermengen und über die Kaninchenkeulen geben. Die fertig angerichteten Portionen mit Rosmarin bestreut servieren.

C076 CHILI-KALBSPOLPETTI IN GRÜNER TOMATEN-KRÄUTERSAUCE

Zutaten für 4 Personen

500 g Kalbshack
Salz
schwarzer Pfeffer
1 EL Dijonsenf
1 frische rote Hot-Thai-Chili
1 Ei
1 Scheibe altbackenes Weißbrot
10 grünfleischige reife Tomaten (grüne Sorte)
1 EL Olivenöl
125 ml trockener Weißwein
1 EL gehackte Petersilie
1 EL gehacktes Liebstöckel
etwas frischer Parmesan

1   Das Hackfleisch mit Salz, Pfeffer, Dijonsenf, der gehackten Chilischote, dem Ei und den geriebenen Weißbrotbröseln vermengen.

2   Die Tomaten vierteln. Das Olivenöl in einem Topf erhitzen. Darin die Tomatenviertel anschwitzen, dann den Weißwein aufgießen und kurz einkochen.

3   Die Tomaten mit Salz und Pfeffer würzen und die Kräuter hinzufügen.

4   Die Tomaten pürieren und bei geringer Hitze weiterköcheln lassen.

5   Das Hackfleisch zu kleinen Bällchen (Polpetti) formen. Die Polpetti in die köchelnde Tomatensauce geben.

6 Die Polpetti 15 Minuten sanft kochen, dabei ab und zu vorsichtig umrühren.

7 Die Polpetti auf Tellern anrichten, mit der Tomatensauce nappieren und mit Parmesanspänen bestreuen.

C077 KNUSPRIGE CHILI-ENTE MIT SPROSSENGEMÜSE

Zutaten für 4 Personen

4 Entenbrustfilets à 200 g (mit Haut)
125 ml Wasser
1 Zimtstange
1 frische rote Thai-Chili
2 EL flüssiger Honig
1 TL Kreuzkümmel
1 Tasse Sojasprossen
1 Tasse Radieschensprossen
Sesamöl
2 EL Sojasauce
Salz
1 EL schwarze Sesamsaat

1 Die Entenbrustfilets auf der Hautseite rautenförmig leicht einschneiden.

2 Die Entenbrustfilets in einer Pfanne ohne Fettzugabe mit der Hautseite nach unten sanft anbraten.

3 Die Entenbrustfilets mit der Hautseite nach unten auf einen Rost setzen, in den vorgeheizten Backofen (Ober-/Unterhitze) geben und bei 200 °C so lange braten, bis die Haut goldbraun ist. Die goldbraunen Filets aus dem Backofen nehmen und ruhen lassen.

4 Das Wasser mit der Zimtstange, der halbierten Chilischote, dem Honig und dem Kreuzkümmel aufkochen.

5 Das Sesamöl in einem Wok erhitzen. Darin die Sprossen anbraten.

6 Die Sprossen mit Sojasauce, Salz und Sesam würzen, dann beiseitestellen.

7 Die Entenbrustfilets rundherum mit dem Chilifond bestreichen und mit der Hautseite nach oben im auf 200 °C vorgeheizten Backofen (Oberhitze) einige Minuten knusprig braten.

8 Die Entenbrustfilets in Scheiben schneiden und dekorativ mit den Sprossen anrichten.

C078 SAUTÉ VOM STROHFERKEL MIT ROHRZUCKER-INGWER-CHILI-SAUCE UND SÜSSKARTOFFELN

Zutaten für 4 Personen

4 Süßkartoffeln
Salz
500 g Filet vom Strohferkel
1 Zwiebel
3 EL Olivenöl
4 EL Rohrzucker
60 ml alter Rum
40 g frischer Ingwer
1 frische rote Thai-Chili
2 EL Butter
2 EL Crème fraîche

1 Die Süßkartoffeln in Salzwasser weich kochen, schälen und in feine Spalten schneiden.

2 Das Schweinefilet in fingerdicke Scheiben schneiden und salzen. Die Zwiebel in feine Würfel schneiden.

3 Das Olivenöl in einer Pfanne erhitzen, die Zwiebelwürfel darin glasig schwitzen. Dann das Fleisch dazugeben und scharf anbraten.

4 Das Fleisch aus der Pfanne nehmen. Den Rohrzucker in der Pfanne karamellisieren und mit Rum ablöschen.

5 Den Ingwer schälen und fein reiben, zum Karamell geben und die gehackte Chilischote hinzufügen.

6 Den Ingwer-Karamell mit 250 ml Wasser ablöschen und etwas köcheln lassen, dann die Süßkartoffeln und die Butter dazugeben.

7 Die Crème fraîche unterrühren, mit Salz abschmecken und das Fleisch im Saft noch einmal erwärmen.

C079 FASANENBRUST IM SCHINKENMANTEL MIT SCHWARZWURZELN UND PREISELBEER-CHILI-SORBET

Zutaten für 4 Personen

250 g Preiselbeerkompott
1 frische rote Cayenne-Chili
30 ml roter Portwein
500 g Schwarzwurzeln
4 Fasanenbrüste
Salz
schwarzer Pfeffer

1 EL Olivenöl

8 Scheiben geräucherter Schinken, Schinkenspeck oder Serranoschinken

4 EL Butter

½ Zitrone

2 EL Schnittlauchröllchen

1 Das Preiselbeerkompott mit den gehackten Chilischoten und dem Portwein vermengen und in eine flache Form geben. Die Preiselbeer-Portwein-Creme im Gefrierfach zu Sorbet gefrieren. Dabei alle 20 Minuten umrühren.

2 Die Schwarzwurzeln waschen, schälen, in Stücke schneiden und in Salzwasser bissfest kochen.

3 Die Fasanenbrüste mit Salz und Pfeffer würzen. Das Olivenöl in einer Pfanne erhitzen. Die Fasanenbrüste darin scharf anbraten.

4 Das Fleisch aus der Pfanne nehmen und mit dem Schinken umwickeln.

5 Die Röllchen im auf 150°C vorgeheizten Backofen (Ober-/Unterhitze) ca. 20 Minuten braten.

6 Die Schwarzwurzeln in der Butter erwärmen, Zitronensaft dazugeben, salzen und mit dem Schnittlauch bestreuen.

7 Die Fasanenbrüste aus dem Ofen nehmen, mit den Schwarzwurzeln auf Tellern anrichten und mit dem Preiselbeer-Chili-Sorbet servieren.

C080 LAMMKRONE MIT ZITRONENTHYMIAN-CHILI-KRUSTE UND SÜSSEM PAPRIKA

Zutaten für 4 Personen

800 g Lammkrone

Salz

schwarzer Pfeffer

3 EL Olivenöl, etwas mehr für die Kruste

1 frische rote Jalapeño-Chili

2 EL gehackter Zitronenthymian

6 EL Paniermehl

4 rote Paprikas

1 EL brauner Zucker

2 Lauchzwiebeln

125 ml trockener Rotwein

2 EL Butter

1 Die Lammkrone salzen und pfeffern. 1 EL Olivenöl in einem Bräter erhitzen. Die Lammkrone darin von allen Seiten scharf anbraten.

2 Die Lammkrone im auf 195°C vorgeheizten Backofen (Ober-/Unterhitze) 10 Minuten braten.

3 Die entkernte und gehackte Chilischote mit dem Thymian in 1 EL Olivenöl anrösten. Das Paniermehl dazugeben. Die Pfanne vom Herd nehmen.

4 Die Chili-Paniermehl-Mischung mit so viel Olivenöl vermengen, bis eine Paste entsteht.

5 Die Paprikas von Scheidewänden und Kernen befreien, in grobe Stücke schneiden und in 1 EL Olivenöl anbraten. Salzen und pfeffern.

6 Die Paprika mit Zucker bestreuen und gut durchschwenken, dann die geschnittenen Lauchzwiebeln untermischen. Die Pfanne vom Herd nehmen.

7 Die Lammkrone aus dem Ofen nehmen und mit der Chilipaste bestreichen. Das Fleisch wieder in den Ofen geben und bei 200°C (Oberhitze) kurz gratinieren.

8 Den Rotwein zum Paprikagemüse gießen, die Butter dazugeben und noch einmal durchkochen, anschließend erneut mit Salz und Pfeffer abschmecken.

9 Die gratinierten Lammkronen aus dem Backofen nehmen, aufschneiden und auf dem Paprikagemüse anrichten.

C081 HIRSCHKALBSRÜCKEN MIT MOHNNUDELN UND SHIRAZ-CHILI-BIRNE

Zutaten für 4 Personen

Für die Birnen

2 Williamsbirnen

2 EL flüssiger Honig

1 Vanilleschote

1 frische rote Thai-Chili

500 ml australischer Shiraz

Für die Mohnnudeln

500 g mehligkochende Kartoffeln

2 Eigelb

2 EL glattes Weizenmehl

1 EL feine Speisestärke

Salz

1 Prise Muskatnuss

2 EL Butter für die Pfanne

4 EL gemahlene Mohnsamen

Für den Hirschkalbsrücken

500 g Hirschkalbsrücken

Salz

schwarzer Pfeffer

C080

C080 LAMMKRONE MIT ZITRONENTHYMIAN-CHILI-KRUSTE UND SÜSSEM PAPRIKA

Olivenöl

4 angedrückte Wacholderbeeren

1 frisches Lorbeerblatt

1 Die Birnen schälen und das Kerngehäuse ausstechen. Die Birnen mit Honig, Vanilleschote und der halbierten Chilischote in dem Shiraz weich pochieren. Dann im Fond erkalten lassen, damit die Birnen nachziehen.

2 Die Kartoffeln weich kochen, abkühlen lassen, schälen und durch die Kartoffelpresse drücken. Die Kartoffelmasse mit verquirltem Eigelb, Mehl, Speisestärke, Salz und geriebener Muskatnuss zu einem festen Teig verkneten. Aus dem Kartoffelteig eine Rolle von 2 cm Durchmesser formen, davon gleich große Stücke abschneiden und diese wiederum zu fingerdicken Rollen formen. Diese Kartoffelnudeln in kochendes Salzwasser geben und so lange köcheln lassen, bis sie an der Oberfläche schwimmen. Die Kartoffelnudeln herausheben und in einer gebutterten Pfanne schwenken, bis sie eine goldbraune Farbe annehmen. Die fertigen Nudeln mit Mohn bestreuen und nochmals durchschwenken.

3 Den Hirschkalbsrücken in 4 gleich große Stücke teilen und nach Geschmack mit Salz und Pfeffer würzen.

4 Das Olivenöl in einem Topf erhitzen. Darin das Fleisch mit den Wacholderbeeren und dem Lorbeerblatt von beiden Seiten scharf anbraten, dann bei geringer Hitze ca. 5 Minuten fertig garen.

5 Das Fleisch aus der Pfanne nehmen und den Bratensatz mit 125 ml Birnenfond ablöschen. Den Fond mit Salz und Pfeffer abschmecken.

6 Die in Spalten geschnittenen Birnen in dem Fond erwärmen. Das Fleisch mit den Mohnnudeln, dem Bratenfond und den Birnen auf Tellern anrichten und servieren.

C082 CHILI-WELS MIT SENFKOHLRABI

Zutaten für 4 Personen

2 Kohlrabis

Salz

500 g Welsfilet (mit Haut)

2 frische rote New-Mexican-Chilis

2 EL Olivenöl

250 ml Fleischfond

50 ml flüssige Sahne

1 EL Sherryessig

2 EL Dijonsenf

1 EL Kümmel

4 EL kalte Butter

1 Die Kohlrabis schälen und in fingerdicke Streifen schneiden.

2 Die Kohlrabistreifen in Salzwasser knackig kochen, dann in Eiswasser abschrecken.

3 Das Welsfilet in 4 gleich große Stücke teilen, die Haut mit einem scharfen Messer längs einschneiden.

4 1 EL Olivenöl in einer Pfanne erhitzen. Darin den Wels mit den halbierten Chilischoten auf der Hautseite knusprig braten.

5 Die Chilischoten aus der Pfanne nehmen. Den Bratensatz mit dem Fleischfond aufgießen. Den Wels wenden, dann die Pfanne vom Herd nehmen.

6 1 EL Olivenöl in einer zweiten Pfanne erhitzen. Die Kohlrabistreifen kurz darin anbraten, mit Sahne ablöschen und mit Salz, Sherryessig, 1 EL Dijonsenf und Kümmel verfeinern.

7 In der Zwischenzeit den Bratenfond mit der Butter und 1 EL Senf aufkochen, verrühren und mit Salz abschmecken. Den Wels auf der Sauce anrichten und mit dem Senfkohlrabi servieren.

C083 KABELJAU AUS DEM CHILIDAMPF MIT SAUERAMPFER UND ROTEM REIS

Zutaten für 4 Personen

150 g Camargue-Reis
2 Bund Sauerampfer
200 ml Wasser
125 ml trockener Weißwein
1 Lorbeerblatt
2 Thai-Chilis
4 Kabeljaufilets à 120 g (ohne Haut)
Salz
1 unbehandelte Zitrone

1 Den Camargue-Reis laut Packungsangabe zubereiten und warm stellen.

2 Den Sauerampfer waschen und in grobe Streifen schneiden.

3 Wasser, Weißwein, Lorbeerblatt und die halbierten Chilischoten in den unteren Teil eines Topfs mit Siebeinlage geben und aufkochen.

4 Die Kabeljaufilets in das Sieb legen und abdecken. Den Fisch 12 Minuten dämpfen, anschließend salzen.

5 Den Sauerampfer unter den Reis mischen und mit Salz abschmecken. Auf einem Teller anrichten und mit den Fischfilets und der in Scheiben geschnittenen Zitrone servieren.

Zutaten für 4 Personen

500 ml Eiswasser
50 g glattes Weizenmehl
1 EL Speisestärke
1 Prise Salz
1 Msp. Backpulver
1 Ei
1 frische rote Thai-Chili
4 Goldbrassenfilets à 125 g
neutrales Pflanzenöl zum Frittieren
200 g Erbsenschoten
1 EL Olivenöl
1 EL Austernsauce
1 EL Sojasauce
3 EL getrocknete Tomaten

1 Das Eiswasser, das Mehl, die Speisestärke, das Salz, das Backpulver, das Ei und die gehackte Chilischote zu einem Tempurateig vermengen. Den Tempurateig kalt stellen.

2 Die Fischfilets salzen, durch den kalten Tempurateig ziehen und in heißem Öl schwimmend ausbacken.

3 Die Erbsenschoten in grobe Streifen schneiden. Das Olivenöl in einem Wok erhitzen. Die Erbsenschotenstreifen darin scharf anbraten.

4 Die Erbsenschoten mit Austern- und Sojasauce würzen, die gehackten getrockneten Tomaten dazugeben.

5 Die Fischfilets mit Küchenpapier abtupfen und mit den gebratenen Erbsenschoten servieren.

C085 RÄUCHERFORELLENSTRUDEL MIT LAUWARMEM CHILI-ROTE-RÜBEN-SALAT

Zutaten für 4 Personen

8 rote Rüben
Salz
½ TL Kümmel
1 frische rote Tepin-Chili
4 EL Aceto balsamico
2 EL Kristallzucker
1 rote Zwiebel
400 g geräucherte Forellenfilets (ohne Haut)
100 g Sauerkraut

C086

schwarzer Pfeffer
1 mehligkochende Kartoffel
1 Packung Strudelteig (TK-Produkt)
1 Ei

1. Die roten Rüben in Salzwasser mit dem Kümmel und der Chilischote weich kochen.
2. Die noch heißen Rüben schälen, in Scheiben schneiden und noch warm mit Salz, Balsamicoessig, Zucker und der fein geschnittenen Zwiebel marinieren.
3. Die Forellenfilets in Würfel schneiden und mit dem gewaschenen und fein gehackten Sauerkraut vermischen.
4. Die Forellen-Kraut-Mischung mit Salz und Pfeffer würzen.
5. Die Kartoffel schälen und fein reiben. Die geriebene Kartoffel unter die Forellen-Kraut-Mischung mengen.
6. Die aufgetauten Strudelblätter mit dem verquirlten Ei bestreichen, mit der Forellen-Kraut-Mischung belegen, dabei rundum einen schmalen Rand frei lassen. Die Enden hochschlagen und leicht zusammendrücken. Den Strudel im auf 180°C vorgeheizten Backofen (Ober-/Unterhitze) goldbraun backen.
7. Den Strudel aus dem Backofen nehmen und mit dem noch warmen Rote-Rüben-Salat servieren.

C086 SEETEUFEL IN CHILIKAROTTEN GEDÄMPFT MIT BASILIKUMPESTO

Zutaten für 4 Personen

4 Karotten
2 Zwiebeln
1 frische rote Thai-Chili
2 EL Butter
2 Gewürznelken
4 Seeteufelfilets à ca. 150 g
Salz
1 Zitrone

Für das Pesto

4 EL gehacktes Basilikum
2 EL Olivenöl
1 EL Pinienkerne (Pinoli)
1 EL frisch geriebener Parmesan
etwas Salz

1 Die Karotten schälen und in 5 Millimeter dicke Scheiben schneiden.

2 Die Zwiebeln schälen, in kleine Würfel schneiden. Die Chilischote halbieren. Die Butter in einem Topf erhitzen. Karotten, Zwiebeln und Chili darin glasig schwitzen.

3 Die Nelken dazugeben und mit 250 ml Wasser aufgießen. Den gesalzenen und mit Zitronensaft beträufelten Fisch auf die Karottenscheiben legen und zugedeckt ca. 15 Minuten dämpfen. Bei Bedarf etwas Wasser nachgießen.

4 Das Basilikum mit Olivenöl, Pinienkernen, Parmesan und Salz zu einem Pesto mixen.

5 Den Fisch aus dem Topf nehmen und mit den Chili-Karotten und dem Basilikumpesto servieren.

C087 KARPFEN MIT SCHARFER LEBKUCHENSAUCE UND PFLAUMEN

Zutaten für 4 Personen

500 g Karpfenfilet
2 EL Lebkuchengewürz
1 frische rote Thai-Chili
200 g frische Pflaumen
125 ml roter Portwein
4 EL Butter
Salz
1 EL Olivenöl
1 Zitrone
125 ml flüssige Sahne

1 Die Karpfenfilets mit einem scharfen Messer auf der Hautseite tief einschneiden. Die Filets mit dem Lebkuchengewürz und der gehackten Chilischote bestreuen und über Nacht marinieren.

2 Am nächsten Tag die Pflaumen halbieren und entkernen.

3 Den Portwein in einem Topf zusammen mit der Butter erwärmen, die Pflaumen dazugeben und einmal aufkochen. Beiseitestellen.

4 Die Karpfenfilets von der Marinade befreien und salzen. Die Marinade aufbewahren. Das Olivenöl in einer feuerfesten Pfanne erhitzen. Darin die Karpfenfilets auf der Hautseite anbraten und in den auf 185°C vorgeheizten Backofen (Ober-/Unterhitze) geben.

5 Die Filets nach 10 Minuten wenden und nach weiteren 5 Minuten aus dem Backofen nehmen.

6 Die Fischfilets aus der Pfanne nehmen und warm stellen. Den Bratensatz mit etwas Zitronensaft und Sahne ablöschen und aufkochen. Anschließend etwas Lebkuchenmarinade hinzufügen und mit Salz abschmecken.

7 Die Karpfenfilets mit den Pflaumen und der Lebkuchensauce anrichten.

C088 RISOTTO »SCHWARZ-WEISS« MIT ROTER CHILI-NAGE

Zutaten für 4 Personen

2 EL Olivenöl

200 g Risottoreis

750 ml Gemüsefond

2 Päckchen Tintenfischtinte (erhältlich im Feinkostladen)

4 EL Butter

Salz

125 ml Noilly Prat

125 ml trockener Weißwein

500 ml flüssige Sahne

2 EL Tomatenmark

1 EL mildes Paprikapulver

1 frische rote Peter-Pepper-Chili

4 Kabeljaufilets à ca. 100 g

1 1 EL Olivenöl in einem Topf erhitzen. Den Risottoreis darin farblos anschwitzen.

2 Den Reis nach und nach mit heißem Gemüsefond aufgießen und unter gelegentlichem Rühren sehr bissfest garen.

3 Die Tinte zu dem Risotto geben und den Reis einige Minuten weitergaren.

4 Die kalte Butter unter den Risotto rühren, salzen, dann den Topf vom Herd nehmen.

5 Schon während der Reis gart, den Noilly Prat und den Weißwein vermischen und in einer Stielkasserolle auf die Hälfte reduzieren. Mit Sahne aufgießen und mit Tomatenmark, Paprikapulver und der gehackten Chilischote würzen.

6 Diese Chili-Nage 5 Minuten in der offenen Kasserolle kochen, salzen, dann aufmixen.

7 Die Kabeljaufilets salzen und von beiden Seiten in 1 EL Olivenöl anbraten.

8 Den Risotto auf 4 Teller verteilen und je ein Fischfilet darauflegen. Rundherum mit der Chili-Nage beträufeln und servieren.

C089 HUMMER MIT CHILIÖL UND SPARGEL-COUSCOUS

Zutaten für 4 Personen

Salz

4 lebende Hummer à ca. 400–500 g

125 ml trockener Weißwein

½ Bund Dill

500 ml Olivenöl

2 frische rote Cayenne-Chilis

Meersalz

C090

200 g Instant-Couscous
12 Stangen weißer Spargel
1 EL Olivenöl zum Braten
2 EL gehackter Estragon
2 EL Butter

1 Reichlich Salzwasser in einem großen Topf zum Kochen bringen. Den Weißwein und den Dill zugeben. Die Hummer mit dem Kopf voran in das siedende Wasser geben, mit einem Holzkochlöffel unter die Wasseroberfläche drücken und 6 Minuten kochen.

2 Die Hummer aus dem Topf nehmen und in Eiswasser abschrecken. Das Kochwasser aufbewahren. Das Hummerfleisch ausbrechen.

3 Das Olivenöl mit den halbierten Chilischoten und 1 EL Meersalz auf 80 °C erwärmen. Das Chili-Oliven-Öl kurz ziehen lassen, dann durch ein Sieb gießen.

4 200 ml des Hummerkochfonds abmessen und zum Kochen bringen.

5 Das Couscous in eine Schale geben und den kochenden Fond darübergießen. Die Schale mit Klarsichtfolie abdecken. Das Couscous 10 Minuten ziehen lassen.

6 Den Spargel schälen und die Enden abschneiden. Die Spargelstangen in Salzwasser bissfest kochen.

7 Die Spargelstangen längs halbieren, in Olivenöl braten, salzen.

8 Das Couscous mit einer Gabel auflockern und unter den Spargel mischen. Mit Salz abschmecken.

9 Das Hummerfleisch salzen. Das Chiliöl in einer Pfanne erhitzen, die Hummerstücke darin knusprig braten. Das Hummerfleisch abtropfen lassen, dann mit dem Estragon bestreuen.

10 Das Spargel-Couscous mit Butterflöckchen garnieren und mit dem Hummerfleisch anrichten.

C090 BRANZINO MIT SPECK, ESTRAGON UND CHILI GEFÜLLT, IN RIESLING POCHIERT

Zutaten für 4 Personen

4 Filets vom Seebarsch (Branzino) à 100 g (ohne Haut, entgrätet)
4 Scheiben Frühstücksspeck
2 EL gehackte Walnusskerne
1 frische rote Thai-Chili
2 EL gehackter Estragon
Küchengarn
500 ml Riesling
1 frisches Lorbeerblatt
Salz

1 Die Fischfilets in der Mitte der Länge nach mit einem scharfen Küchenmesser einschneiden, sodass Taschen entstehen.

2 Den Speck in Streifen schneiden und ohne Fettzugabe kurz anbraten. Die Walnüsse dazugeben und mit der gehackten Chilischote und dem Estragon vermischen.

3 Die Fischfilets mit der Mischung aus Speck, Chili und Walnüssen füllen und mit Küchengarn zubinden.

4 Den Riesling mit dem Lorbeerblatt und Salz zum Kochen bringen.

5 Die Fischfilets in den Weinsud legen und kurz unter dem Siedepunkt von beiden Seiten 6 Minuten pochieren.

6 Die Fischfilets aus dem Fond nehmen, vom Küchengarn befreien und mit etwas Fond servieren.

C091 SCHOTTISCHER LACHS MIT POMMERY-CHILI-SENF-SAUCE UND GURKENGEMÜSE

Zutaten für 4 Personen

4 Lachsfilets à ca. 160 g
1 Salatgurke
Salz
60 ml Noilly Prat
2 EL Butter
1 rote Zwiebel
150 g Crème fraîche
2 EL Pommerysenf
1 frische rote New-Mexican-Chili (Chimayo)

1 Die Lachsfilets mit der Hautseite nach unten auf ein mit Backpapier bedecktes Backblech legen. Die Lachsfilets im auf 160 °C vorgeheizten Backofen (Ober-/Unterhitze) 10 Minuten garen.

2 Die Gurke schälen und längs halbieren. Die Kerne mit einem Löffel entfernen.

3 Die Gurke in Stifte schneiden und in kochendem Salzwasser 1 Minute blanchieren. Das Kochwasser abgießen, die Gurkenstifte in Eiswasser abschrecken.

4 Den Noilly Prat, die Butter und die geschälte, in Streifen geschnittene Zwiebel aufkochen. Dann die Gurkenstifte hineinlegen und erwärmen. Den Topf vom Herd nehmen. Das Gurkengemüse salzen.

5 Die Crème fraîche mit Salz, Senf und der gehackten Chilischote verrühren.

6 Den Lachs aus dem Backofen nehmen, leicht salzen, mit dem Gurkengemüse anrichten und der Pommery-Chili-Senf-Sauce reichen.

C092 STEINBUTT IM SAFRANFOND MIT LIMETTEN-CHILI-AUSTERN

Zutaten für 4 Personen

125 ml trockener Weißwein

125 ml Fischfond

½ Packung Safranfäden

4 EL Butter

2 EL Crème fraîche

Salz

4 Steinbuttfilets à 120 g

8 Austern

2 EL gehackter Pumpernickel

1 frische grüne Jalapeño-Chili

1 EL gehackter Koriander

1 Zitrone

1 Den Weißwein und den Fischfond mit den Safranfäden aufkochen.

2 Den Safranfond mit der Butter und der Crème fraîche aufschlagen, dann salzen.

3 Die Fischfilets in den Fond geben und einmal kurz ankochen, dann den Topf vom Herd nehmen.

4 Die Austern öffnen und säubern.

5 Den Fond mit den Fischfilets auf vier Suppenteller verteilen.

6 Auf jede Fischportion zwei Austern legen. Die Austern mit dem Pumpernickel, der gehackten Chilischote und dem Koriander bestreuen und dem Saft der Zitrone beträufeln.

C093 YELLOWFIN TUNA IN DER CHILI-SESAM-KRUSTE MIT RADIESCHEN-RUCOLA-SALAT

Zutaten für 4 Personen

4 Tunfischfilets (Yellowfin Tuna) à 150 g

2 EL Olivenöl

2 frische rote Jalapeño-Chilis

4 EL weiße Sesamsaat

1 EL flüssiger Honig

Salz

3 EL Weißbrotbrösel

1 Bund Rucola

2 unbehandelte Limetten

4 Radieschen

C093 YELLOWFIN-TUNA IN DER CHILI-SESAM-KRUSTE MIT RADIESCHEN-RUCOLA-SALAT

C094

1 1 EL Olivenöl in einer Pfanne erhitzen. Darin den Tunfisch von beiden Seiten scharf anbraten, dann warm stellen.

2 Die Chilischoten entkernen, fein hacken und mit Sesam, Honig, Salz und Weißbrotbröseln vermengen.

3 Die Tunfischfilets mit der Chili-Sesam-Mischung bestreichen. Die Pfanne in den auf 195°C vorgeheizten Backofen (Oberhitze) stellen und den Fisch darin 15 Minuten gratinieren.

4 Den Rucola mit dem Saft einer Limette, Salz und 1 EL Olivenöl marinieren.

5 Die Radieschen in feine Scheiben oder Spalten schneiden und unter den Salat mischen.

6 Die Tunfischfilets aus dem Ofen nehmen, jeweils in 4 Stücke schneiden und mit dem Radieschen-Rucola-Salat sowie Limettenscheiben servieren.

C094 HEILBUTT MIT ZITRONEN-CHILI-SAUCE UND KAVIAR

Zutaten für 4 Personen

2 Zitronen
60 ml Noilly Prat
1 EL Pernod
250 ml flüssige Sahne
1 frische rote Cayenne-Chili
1 EL Olivenöl
8 Heilbuttfilets à ca. 60 g
Salz
5 EL Butter
4 EL Imperial-Kaviar

1 Die Zitronen auspressen und den Saft mit dem Noilly Prat und dem Pernod aufkochen. Die Sahne dazugeben und mit der gehackten Chilischote aufkochen. Beiseitestellen.

2 Das Olivenöl in einer beschichteten Pfanne sanft erhitzen. Die Fischfilets darin von beiden Seiten zart anbraten, dann leicht salzen.

3 Die Chilistücke aus der Sauce nehmen. Die kalte Butter hinzufügen und salzen. Die Sauce mit einem Stabmixer aufschäumen.

4 Die Fischfilets auf 4 Tellern anrichten und mit dem Schaum bedecken.

5 Jede Portion mit 1 EL Kaviar garnieren.

C095 EGLISCHNITZEL MIT LAUWARMEM CHILI-KARTOFFEL-FELDSALAT

Zutaten für 4 Personen

400 g festkochende Kartoffeln

Salz

1 frische rote Tepin-Chili

4 EL Maiskeimöl

4 EL Apfelessig

1 EL Kristallzucker

12 kleine Flussbarschfilets (Egli)

1 Zitrone

100 g glattes Weizenmehl

2 Eier

100 g Paniermehl

neutrales Pflanzenöl zum Frittieren

2 Handvoll Feldsalat

1   Die Kartoffeln in Salzwasser weich kochen, noch heiß schälen und in Scheiben schneiden.
2   Die gehackte Chilischote zu den warmen Kartoffelscheiben geben.
3   Das Maiskeimöl, den Apfelessig, Salz und Zucker zu einer Marinade verrühren. Diese unter die Chili-Kartoffel-Mischung mengen. Den warmen Kartoffelsalat beiseitestellen.
4   Die Fischfilets salzen und mit Zitronensaft beträufeln.
5   Die Filets erst in Mehl, dann in verquirltem Ei und schließlich in Paniermehl wenden.
6   Die panierten Filets in heißem Öl schwimmend ausbacken.
7   Kurz vor dem Servieren den Feldsalat und 3 EL Wasser unter den Kartoffelsalat mengen.
8   Den lauwarmen Salat mit den Fischschnitzeln anrichten.

C096 FEURIGE RATATOUILLE MIT ROUGET BARBET AUS DER FOLIE

Zutaten für 4 Personen

3 EL Olivenöl

2 Zucchini

1 Aubergine

2 Tomaten

1 frische rote Jalapeño-Chili

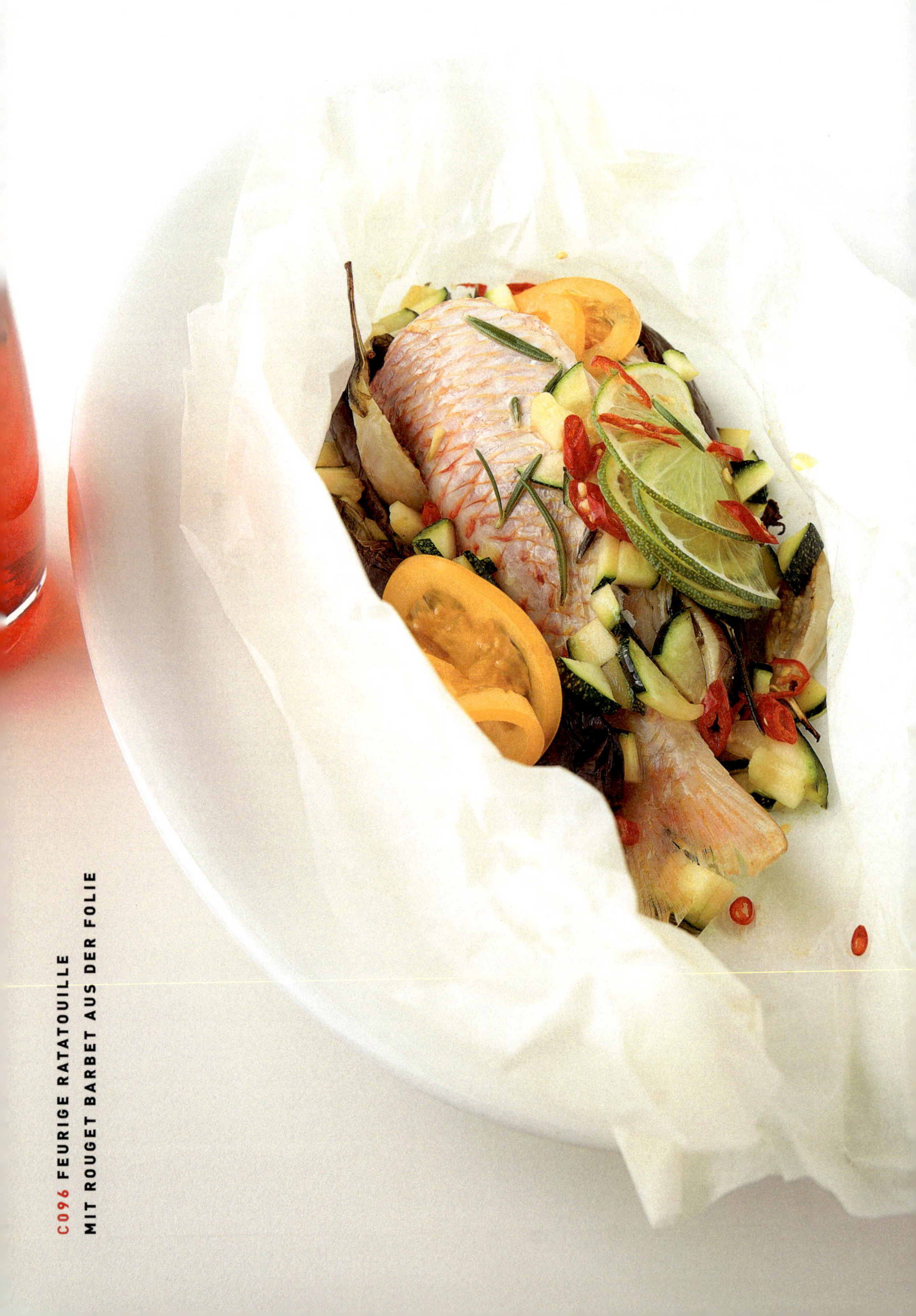

C096 FEURIGE RATATOUILLE
MIT ROUGET BARBET AUS DER FOLIE

1 EL gehackter Rosmarin
Salz
4 Rotbarben (Rouget Barbet), ohne Kopf, filetiert und geschuppt
1 Limette

1 4 Blatt Pergament- oder Backpapier mit etwas Olivenöl bestreichen.

2 Das Gemüse in sehr feine Würfel schneiden. 2 EL Olivenöl in einer Pfanne erhitzen. Das Gemüse kurz darin andünsten. Die gehackte Chilischote und den Rosmarin dazugeben, salzen. Die Pfanne vom Herd nehmen.

3 Das Ratatouille auf die Pergamentblätter verteilen. Die Rotbarbenfilets darauflegen, mit Salz bestreuen und mit Limettensaft beträufeln. Die Pergamentblätter schließen.

4 Die Päckchen im auf 195°C vorgeheizten Backofen (Ober-/Unterhitze) 15 Minuten garen.

5 Die Päckchen aus dem Ofen nehmen und sofort servieren. Bei Tisch öffnen.

C097 ROCHENFLÜGEL IN CHILI-GRAPEFRUIT POCHIERT MIT GRANATAPFEL

Zutaten für 4 Personen

2 Grapefruits
250 ml Orangensaft
1 frische rote Pimento-Chili
1 EL Pernod
60 ml Noilly Prat
Salz
4 EL Butter
4 Rochenflügelfilets à ca. 160 g
4 EL Granatapfelkerne

1 Die Grapefruits schälen und filetieren.

2 Den Orangensaft mit der halbierten Chilischote, dem Pernod und dem Noilly Prat aufkochen.

3 Die Sauce salzen, die Butter dazugeben, die Rochenflügelfilets einlegen und 3 Minuten köcheln lassen.

4 Die Grapefruitfilets dazugeben und erwärmen. Den Fisch aus dem Sud nehmen.

5 Die Fischfilets in vier Suppentellern anrichten und mit der Chili-Grapefruit-Sauce übergießen. Jede Portion mit 1 EL Granatapfelkernen bestreuen.

DESSERTS

C101
Orangen-Fruchtgummi
mit Chili

C100
Fire and Ice (warmer
cremiger Schokoladen-
pudding mit Kokos-
Chili-Honigeis)

C104
Gewürzbirne mit
Marzipan-Chili-Füllung
und Pistazien

C107
Chilipralinen

Jalapeño-Schokolade

C115

C111
Passionsfrucht-Törtchen aus
Sesam-Chili-Mürbeteig

C108
Mangotarte
»Veronika«
mit Chili-Sorbet

150

DESSERTS

C098 Gebrannte Kakaocreme mit Chili-Haselnuss-Kruste

C099 Nougat-Chili-Pflaumen im Strudelblatt

C100 Fire and Ice (warmer cremiger Schokoladenpudding mit Kokos-Chili-Honig-Eis)

C101 Orangen-Fruchtgummi mit Chili

C102 Rhabarber-Chili-Gelee mit Limetten-Erdbeeren

C103 In Brioche gebackene Chili-Grießknödel im Himbeer-Daiquiri

C104 Gewürzbirne mit Marzipan-Chili-Füllung und Pistazien

C105 Mohnsoufflé mit Chili-Apfel-Kompott

C106 Spanisches Mandelparfait mit Chili-Karamellsauce

C107 Chilipralinen

C108 Mangotarte »Veronika« mit Chili-Sorbet

C109 Kokos-Chili-Grießkuchen mit Rumeis

C110 Gemischte Beeren mit Mascarpone und Pistazien-Chili-Pesto

C111 Passionsfrucht-Törtchen aus Sesam-Chili-Mürbeteig

C112 Safran-Chili-Schmarrn mit Macadamianüssen

C113 Scharfe Crêpes Suzette mit Basilikum

C114 Pecannusskuchen mit Chili und Ahornsirup

C115 Jalapeño-Schokolade

C116 Kakaoschnitte mit Chili-Bananen

C098 GEBRANNTE KAKAOCREME MIT CHILI-HASELNUSS-KRUSTE

Zutaten für 4 Personen

Für die Creme

500 ml Milch

45 g Speisestärke

3 EL Rohrzucker

3 EL Kakao

1 Vanilleschote

Für die Kruste

4 EL ganze Haselnusskerne

1 frische rote Jalapeño-Chili

2 EL Butter

1 EL Rohrzucker

1 Die Speisestärke mit einem Drittel der Milch verrühren.

2 Die restliche Milch mit dem Zucker, dem Kakao und dem Mark der Vanilleschote aufkochen. Die Stärke einrühren und nochmals aufkochen.

3 Die Masse in vier mit kaltem Wasser ausgespülte Puddingförmchen gießen.

4 Die Puddings 3 Stunden kühlen.

5 Die Haselnüsse und die Chilischote hacken und miteinander vermischen.

6 Die weiche Butter und den Zucker zum Haselnuss-Chili-Gemisch geben, auf die Puddingförmchen verteilen.

7 Die Puddings auf der obersten Schiene im auf 250°C vorgeheizten Backofen (Grill-Oberhitze) schnell gratinieren.

C099 NOUGAT-CHILI-PFLAUMEN IM STRUDELBLATT

Zutaten für 4 Personen

8 frische Pflaumen

100 g Nougat

1 frische rote Thai-Chili

4 EL geriebene Walnusskerne

1 Packung tiefgekühlte Strudelblätter

1 Ei

2 EL Puderzucker

1 Die Pflaumen entkernen.

2 Den Nougat klein schneiden, dann mit der gehackten Chilischote und den Walnüssen vermengen.

3 Die Pflaumen mit der Nougatmasse füllen.

C100 FIRE AND ICE
[WARMER CREMIGER
SCHOKOLADENPUDDING MIT
KOKOS-CHILI-HONIGEIS]

4   Die Pflaumen mit je einem halben Strudelblatt umwickeln (sodass kleine Säckchen entstehen) und mit dem verquirlten Ei bestreichen.

5   Die Strudelpflaumen im auf 180°C vorgeheizten Backofen (Ober-/Unterhitze) goldgelb backen.

6   Die Pflaumen vor dem Servieren mit Puderzucker bestäuben.

C100 FIRE AND ICE (WARMER CREMIGER SCHOKOLADENPUDDING MIT KOKOS-CHILI-HONIG-EIS)

Zutaten für 4 Personen

Für das Eis

500 ml flüssige Sahne

5 EL geröstete Kokosflocken

1 frische rote Habañero-Chili

50 g Kristallzucker

4 EL flüssiger Honig

6 Eigelb

250 g Butter

250 g dunkle Schokolade

5 Eier

1 EL glattes Weizenmehl

1 EL Speisestärke

1   Für das Eis die Sahne mit den Kokosflocken und der ganzen Chilischote aufkochen.

2   Den Zucker und den Honig mit den Eigelben verrühren.

3   Die Kokos-Chili-Sahne zu den Eigelben geben und gut verrühren. Das Gemisch dann nochmals unter Rühren erhitzen, bis es andickt.

4   Die Chilischote aus der Kokos-Sahne-Creme nehmen und abkühlen lassen. Die gut durchgekühlte Creme in der Eismaschine zu Eis gefrieren.

5   Für den Pudding die gewürfelte Butter mit der gehackten Schokolade im Wasserbad unter Rühren schmelzen.

6   Die Eier mit dem Mehl und der Speisestärke verrühren und unter die noch heiße Schokoladenmasse heben.

7   Die Schokomasse in kleine feuerfeste Formen geben und abkühlen lassen.

8   Die Puddings im auf 200°C vorgeheizten Backofen (Ober-/Unterhitze) etwa 10 Minuten garen. (Der Kern bleibt dabei flüssig.) Die Puddings nach dem Herausnehmen 2 Minuten ruhen lassen und mit dem Kokos-Chili-Honig-Eis anrichten.

C101 ORANGEN-FRUCHTGUMMI MIT CHILI

Zutaten für 4 Personen

500 ml Orangensaft

½ frische rote Carmen-Chili

14 Blatt weiße Gelatine

2 EL Puderzucker

1 Den Orangensaft mit der entkernten und gehackten Chilischote aufkochen.

2 Die Gelatine in kaltem Wasser einweichen, nach 4 Minuten ausdrücken und im Orangensaft auflösen.

3 Den Zucker zu der Orangensaft-Gelatine-Mischung geben und diese in Fruchtgummiformen oder Bärenformen gießen.

4 Die Fruchtgummis mindestens 2 Stunden kühlen.

C102 RHABARBER-CHILI-GELEE MIT LIMETTEN-ERDBEEREN

Zutaten für 4 Personen

200 g Rhabarber

125 ml Orangensaft

1 frische rote Carmen-Chili

120 g Kristallzucker

10 Blatt weiße Gelatine

400 g frische Erdbeeren

2 Limetten

1 Den Rhabarber schälen und in kleine Würfel schneiden.

2 Den Orangensaft mit der gehackten Chilischote und 100 g Zucker aufkochen, den Rhabarber dazugeben und 5 Minuten ziehen lassen.

3 Die Gelatineblätter in kaltem Wasser einweichen, nach 4 Minuten ausdrücken. Die Gelatine unter die heiße Rhabarbermasse rühren und auflösen.

4 Den Rhabarber in Gläser füllen und mindestens 4 Stunden kühlen.

5 Die Erdbeeren waschen, von den Stielen befreien und in Scheiben schneiden. Die Erdbeeren mit dem Saft der Limetten und dem restlichen Zucker vermengen und mit dem Rhabarber-Chili-Gelee servieren.

C101

C103 IN BRIOCHE GEBACKENE CHILI-GRIESSKNÖDEL IM HIMBEER-DAIQUIRI

Zutaten für 4 Personen

Für die Knödel

500 ml Milch

Salz

3 EL Butter

2 EL Rohrzucker

200 g Grieß

2 Brötchen

1 frische rote Thai-Chili

3 Eier

Zum Ausbacken

4 Scheiben Hefezopf (Brioche)

2 Eier

Butterschmalz

Für den Daiquiri

200 g Himbeeren

4 EL Rohrzucker

½ Limette

60 ml brauner Rum

1 Die Milch leicht salzen, 2 EL Butter und den Rohrzucker dazugeben und kurz aufkochen.

2 Den Grieß in die kochende Milch einstreuen, zu einem Brei verkochen und abkühlen lassen.

3 Die Brötchen in Würfel schneiden und zusammen mit der gehackten Chilischote in 1 EL Butter anrösten.

4 Die Brotwürfel mit den Eiern in den Grießbrei einrühren und ca. 15 Minuten ruhen lassen.

5 Aus dem Grießteig kleine Knödel formen. Diese in schwach siedendem Wasser ca. 15 Minuten ziehen lassen.

6 Die Hefezopfscheiben zu Bröseln reiben. Die Eier verquirlen.

7 Die Knödel aus dem Wasser nehmen, abtropfen lassen und erst in den verquirlten Eiern, dann in den Bröseln wälzen. Die panierten Knödel in heißem Butterschmalz ausbacken.

8 Die Himbeeren mit dem Zucker, dem Limettensaft und dem Rum pürieren.

9 Die heißen Chili-Grießknödel auf dem Himbeer-Daiquiri anrichten und servieren.

C104 GEWÜRZBIRNE MIT MARZIPAN-CHILI-FÜLLUNG UND PISTAZIEN

Zutaten für 8 Personen

1 l Apfelsaft

2 Vanilleschoten

2 Gewürznelken

1 Stange Zimt

20 ml Cointreau

20 ml Orangenlikör

4 Williamsbirnen

150 g Marzipan

1 frische rote Carmen-Chili

100 g kalte Butter

etwas Kristallzucker

4 EL gehackte Pistazienkerne

1 Den Apfelsaft mit dem Mark der Vanilleschoten, Nelken, Zimt, Cointreau und Orangenlikör aufkochen.

2 Die Birnen schälen, im Ganzen in den Gewürzfond geben und im geschlossenen Topf weich kochen. Die Birnen aus dem Fond nehmen und erkalten lassen.

3 Die Gewürze aus dem Fond entfernen, die Birnen halbieren und das Kerngehäuse ausschneiden.

4 Das Marzipan mit der entkernten und gehackten Chilischote vermengen.

5 Die Birnenhälften mit der Marzipanmasse füllen.

6 Den Birnenfond auf die Hälfte einkochen, nach Belieben mit etwas Zucker süßen, dann die kalte Butter unterrühren.

7 Die Birnen mit dem heißen Fond begießen und mit je einem EL gehackter Pistazien bestreuen.

C105 MOHNSOUFFLÉ MIT CHILI-APFEL-KOMPOTT

Zutaten für 4 Personen

100 g Weißbrot

60 ml trockener Rotwein

70 g weiche Butter

50 g Puderzucker

4 Eigelb

4 Eiweiß

60 g gemahlene Mohnsamen

etwas weiche Butter und Weizenmehl für die Formen

4 Äpfel (Elstar)

C106

250 ml naturtrüber Apfelsaft
2 EL Kristallzucker
1 Stange Zimt
1 frische rote Thai-Chili

1 Das Weißbrot entrinden, in Würfel schneiden und in dem Rotwein tränken.

2 Die Butter und den Puderzucker schaumig rühren. Erst die Eigelbe, dann die getränkten Brotwürfel zugeben und alles schaumig rühren.

3 Die Eiweiße steif schlagen. Den Eischnee und den Mohn mit einem Kochlöffel vorsichtig unter die Soufflémasse heben.

4 Die Masse in 4 gebutterte und bemehlte Souffléformen füllen. Die Formen in einen mit Küchenkrepp ausgelegten Topf stellen, den Topf mit kochendem Wasser füllen, den Topf verschließen und die Soufflés auf dem Herd bei mittlerer Temperatur 20 Minuten pochieren.

5 In der Zwischenzeit die Äpfel schälen, von den Kerngehäusen befreien und in Würfel schneiden.

6 Den Apfelsaft mit dem Zucker, der Zimtstange und der entkernten Chilischote aufkochen und die Apfelwürfel darin pochieren.

7 Das Mohnsoufflé mit dem warmen Apfelkompott servieren.

C106 SPANISCHES MANDELPARFAIT MIT CHILI-KARAMELL-SAUCE

Zutaten für 6-8 Personen

150 g Puderzucker
6 Eigelb
4 Tropfen Bittermandelaroma
500 ml flüssige Sahne
100 g geröstete geriebene Mandeln
8 EL brauner Zucker
2 frische rote Cayenne-Chilis
250 ml flüssige Sahne

1 Den Puderzucker mit den Eigelben und dem Bittermandelaroma 15 Minuten schaumig rühren.

2 Die Sahne steif schlagen und mit den Mandeln unter die Eigelbmasse heben.

3 Die Mandelsahne in Formen füllen und mindestens 3 Stunden tiefkühlen.

4 Den Zucker mit der gehackten Chilischote in einer Pfanne karamellisieren und mit der Sahne aufgießen. Die Karamellsauce 2 Minuten kochen.

5 Das Mandelparfait mit der lauwarmen Chili-Karamellsauce servieren.

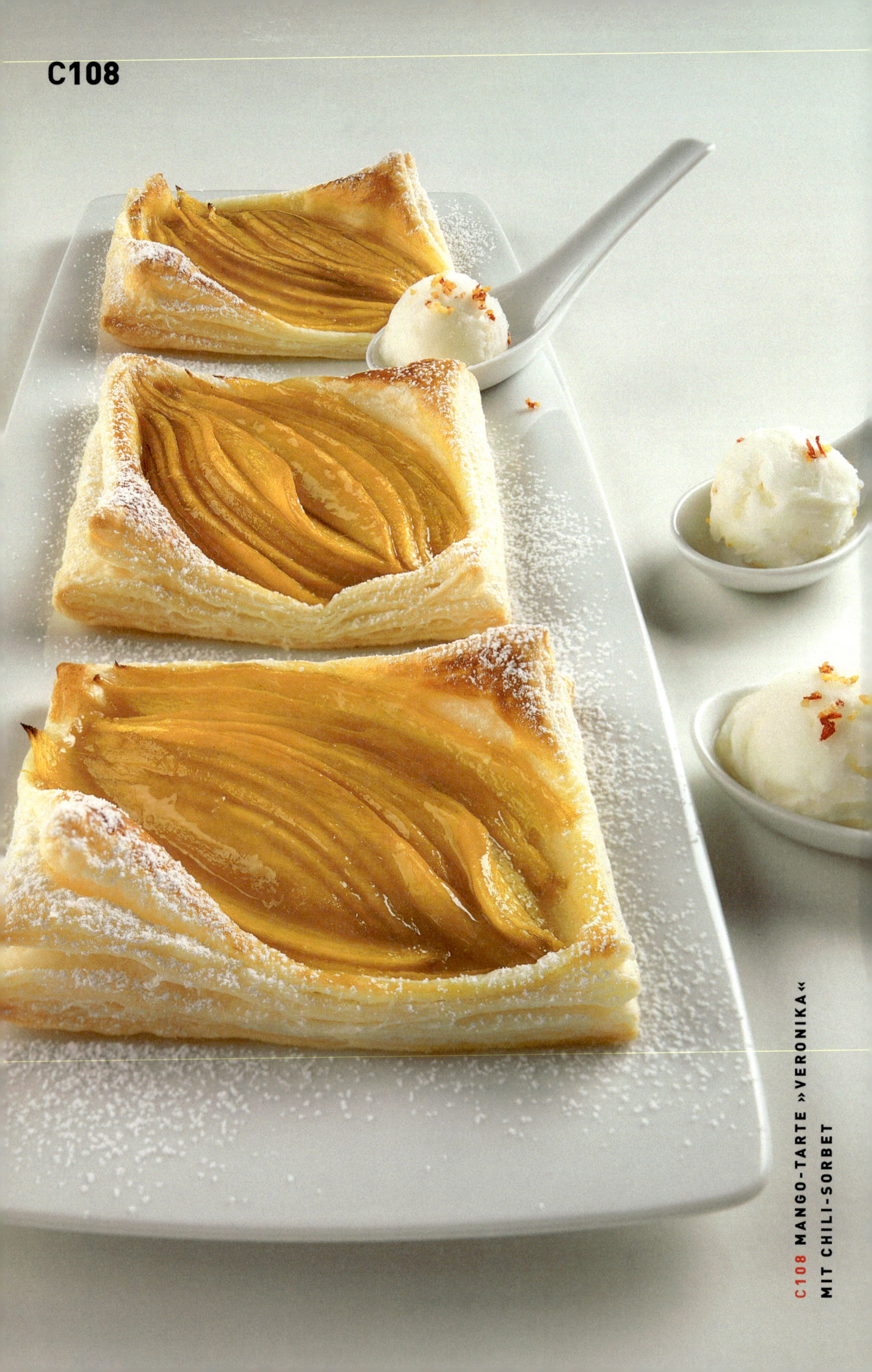

C108 MANGO-TARTE »VERONIKA« MIT CHILI-SORBET

C107 CHILIPRALINEN

Zutaten für 6-8 Personen

350 g dunkle Schokolade

125 ml flüssige Sahne

2 EL brauner Rum

100 g gemahlene Haselnusskerne

1 frische rote Carmen-Chili

Kokosflocken und Schokoraspeln zum Garnieren

1 Die gehackte Schokolade im heißen Wasserbad schmelzen. Die Sahne, den Rum, die Nüsse und die gehackte Chilischote unterrühren.

2 Die Pralinenmasse über Nacht in den Kühlschrank stellen.

3 Am nächsten Tag Kugeln aus der Pralinenmasse formen. Die Hälfte der Pralinen in Kokosflocken, die andere Hälfte in Schokoraspeln wälzen.

C108 MANGOTARTE »VERONIKA« MIT CHILI-SORBET

Zutaten für 4 Personen

500 ml Apfelsaft

1 frische rote Thai-Chili

4 EL flüssiger Honig

4 Scheiben Blätterteig (TK-Produkt)

2 Mangos

4 EL Butter

1 EL brauner Zucker

1 Limette

etwas Puderzucker

1 Den Apfelsaft mit der halbierten Chilischote aufkochen, dann erkalten lassen.

2 Die Chilischote aus dem abgekühlten Apfelsaft nehmen und den Honig unterrühren.

3 Den Apfelsaft in eine Schüssel geben und im Gefrierfach zu einem Sorbet frieren. (Dabei ab und zu umrühren.)

4 Die Mangos schälen, das Fruchtfleisch von den Kernen lösen und in dünne Scheiben schneiden. Die aufgetauten Blätterteigscheiben mit den Mangos belegen.

5 Die Butter in Flöckchen auf der Mangotarte verteilen und im auf 165 °C vorgeheizten Backofen (Ober-/Unterhitze) 12 Minuten backen.

6 Die Tarte aus dem Ofen nehmen, sofort mit braunem Zucker bestreuen und mit etwas Limettensaft beträufeln.

7 Die heiße Mangotarte mit dem Puderzucker übersieben und mit dem Chili-Sorbet servieren.

C109 KOKOS-CHILI-GRIESS-KUCHEN MIT RUMEIS

Zutaten für 4 Personen

125 ml Milch

1 frische rote Thai-Chili

50 g Weizengrieß

250 g Speisequark

4 EL geröstete Kokosflocken

6 Eier

100 g Kristallzucker

1 EL Speisestärke

8 EL Vanilleeis

2 EL weißer Rum

Puderzucker

1 Die Milch mit der gehackten und entkernten Chilischote aufkochen, den Grieß einrühren und ausquellen lassen.

2 Den Quark, die Kokosflocken und die Eigelbe unter die leicht abgekühlte Grießmasse rühren.

3 Die Eiweiße mit dem Zucker zu steifem Schnee schlagen und mit der Speisestärke unter die Kokos-Grieß-Mischung heben.

4 Den Kokos-Grieß-Teig auf ein gefettetes Backblech oder in eine gefettete Springform streichen und im auf 190°C vorgeheizten Backofen ca. 15 Minuten backen.

5 Das weiche Vanilleeis mit dem Rum verrühren und nochmals durchfrieren.

6 Den Kokos-Chili-Grieß-Kuchen mit Puderzucker bestäuben und mit dem Rumeis servieren.

C110 GEMISCHTE BEEREN MIT MASCARPONE UND PISTAZIEN-CHILI-PESTO

Zutaten für 4 Personen

8 EL grüne Pistazienkerne

1 EL gehackte Minze

½ frische rote Thai-Chili

4 EL Maiskeimöl

2 EL Puderzucker

2 EL Zitronensaft

8 EL Mascarpone

50 g feiner Kristallzucker

400 g frische gemischte Beeren

C111

1 Die Pistazien mit der Minze, der gehackten Chilischote, dem Öl, dem Puderzucker und dem Zitronensaft zu einem Pesto pürieren.

2 Den Mascarpone mit dem Zucker glatt rühren.

3 Die zimmerwarmen Beeren auf vier Dessertteller verteilen und mit dem Pesto und je zwei EL Mascarpone anrichten.

C111 PASSIONSFRUCHT-TÖRTCHEN AUS SESAM-CHILI-MÜRBETEIG

Zutaten für 4 Personen

Für den Teig

150 g glattes Weizenmehl

50 g Kristallzucker

100 g kalte Butter

1 Eigelb

1 frische rote Carmen-Chili

3 EL schwarze Sesamsaat

1 EL Sesamöl

Für den Passionsfruchtbelag

250 ml Passionsfruchtsaft

3 EL Kristallzucker

4 Blatt weiße Gelatine

500 ml flüssige Sahne

1 Mehl, Zucker, Butter, Eigelb, die gehackte Chilischote, den Sesam und das Sesamöl zügig zu einem Teig verarbeiten. Den Teig 30 Minuten ruhen lassen.

2 Den Teig auf einem Blech ausrollen und im auf 200 °C vorgeheizten Backofen (Ober-/Unterhitze) 10 bis 12 Minuten goldgelb backen.

3 Den Passionsfruchtsaft mit dem Zucker aufkochen.

4 Die Gelatine in kaltem Wasser einweichen, nach 4 Minuten ausdrücken und im heißen Passionsfruchtsaft auflösen. Die Flüssigkeit erkalten lassen, bis sie zu gelieren beginnt.

5 Die Sahne steif schlagen und unter den gelierenden Saft heben.

6 Die Passionsfruchtcreme auf den erkalteten Mürbeteig streichen und mindestens 2 Stunden kalt stellen.

7 Den Kuchen vor dem Servieren in Stücke schneiden oder ausstechen, sodass Törtchen entstehen. Die Törtchen nach Belieben mit kleinen Kugeln von Pitahaya (Drachenfrucht) und frischen Chilistreifen garnieren.

Zutaten für 4 Personen

250 g Speisequark

6 Eier

1 frische rote Carmen-Chili

1 EL Speisestärke

1 EL glattes Weizenmehl

8 Safranfäden

100 g Kristallzucker

150 g Macadamianüsse

1 EL Butterschmalz

Puderzucker

1   Den Quark mit den Eigelben, der entkernten, gehackten Chilischote, der Speisestärke, dem Mehl und den im Mörser zermahlenen Safranfäden glatt rühren.

2   Die Eiweiße mit dem Zucker zu steifem Schnee schlagen.

3   Den Eischnee unter die Quarkmasse heben und auf ein gefettetes Backblech streichen.

4   Den Teig im auf 200°C vorgeheizten Backofen (Ober-/Unterhitze) 12 Minuten backen.

5   Die grob gehackten Nüsse in Butterschmalz anrösten.

6   Den Quarkteig aus dem Ofen nehmen und in große Stücke zu einem Schmarrn reißen. Die gerösteten Nüsse über den Schmarrn streuen.

7   Den Schmarrn mit Puderzucker bestäubt servieren. Dazu passt ein Kompott aus Kapstachelbeeren (*Physalis*).

C113 SCHARFE CRÊPES SUZETTE MIT BASILIKUM

Zutaten für 4 Personen

250 ml Milch

100 g glattes Weizenmehl

2 EL Kristallzucker

1 frische rote Cayenne-Chili

3 Eier

Butterschmalz

3 EL Rohrzucker

500 ml Orangensaft

1 EL gehacktes Basilikum

1   Die Milch mit dem Mehl, dem Zucker, der gehackten Chilischote und den Eiern zu einem glatten Teig verrühren. Den Teig 20 Minuten ruhen lassen.

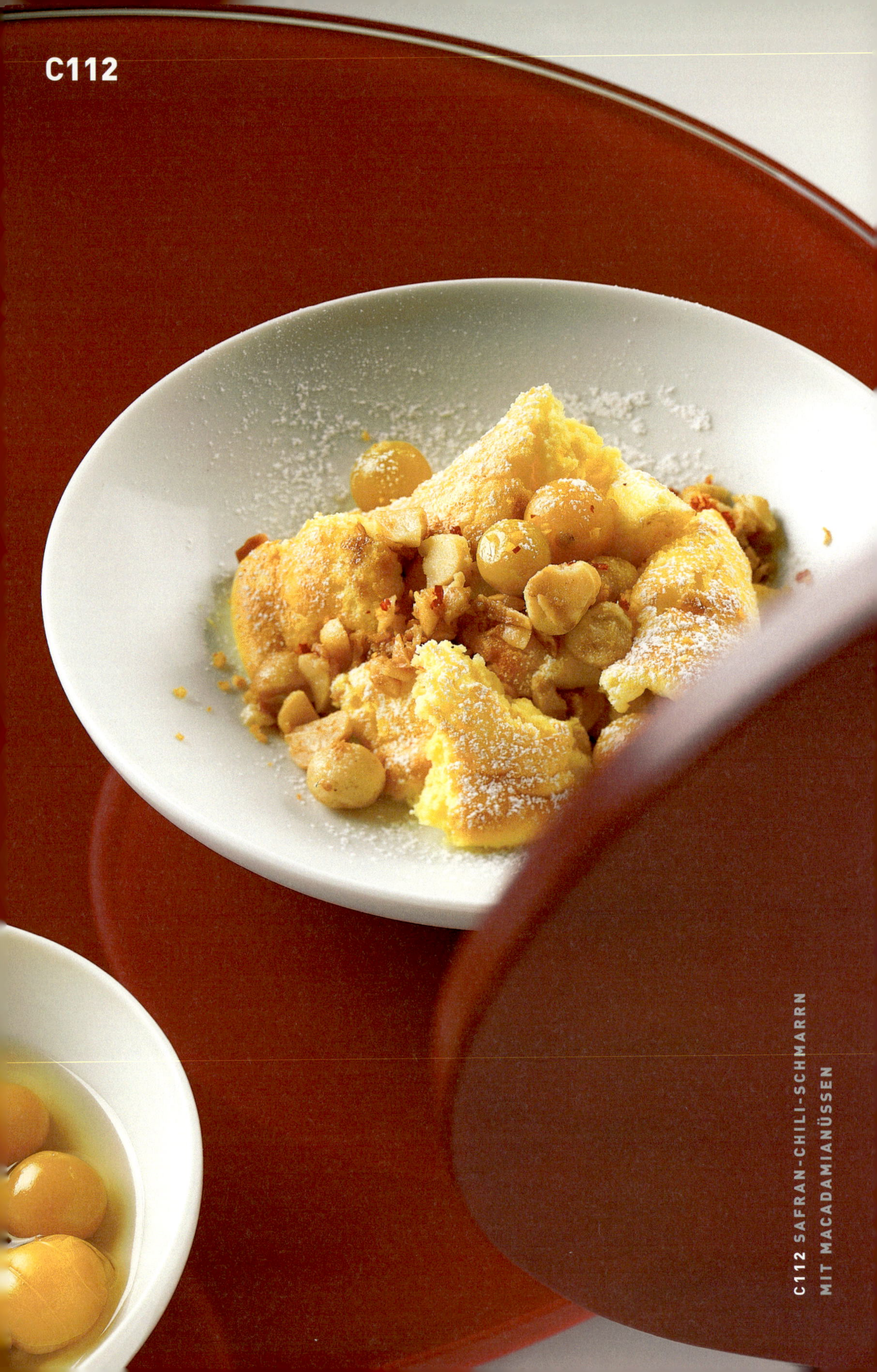

C112 SAFRAN-CHILI-SCHMARRN
MIT MACADAMIANÜSSEN

2 In einer beschichteten Pfanne Butterschmalz erhitzen, darin den Teig portionsweise zu dünnen Crêpes ausbacken. Die fertigen Crêpes zu Dreiecken falten.

3 In einer zweiten Pfanne den Zucker karamellisieren, mit Orangensaft ablöschen und einkochen.

4 Die Crêpes in der Orangen-Karamellsauce erwärmen, auf Desserttellern anrichten und mit Basilikum garnieren.

C114 PECANNUSSKUCHEN MIT CHILI UND AHORNSIRUP

Zutaten für einen Kuchen von 18–20 Stück

250 g weiche Butter
200 g Kristallzucker
1 Päckchen Vanillezucker
Salz
Schale von 1 unbehandelten Zitrone
4 Eier
1 frische rote Carmen-Chili
400 g glattes Weizenmehl
100 g Speisestärke
1 Päckchen Backpulver
125 ml Milch
100 g gehackte Pecannüsse
1 Eigelb
etwas Ahornsirup

1 Die Butter, den Zucker, den Vanillezucker, das Salz und die Zitronenschale schaumig rühren.

2 Die Eier einzeln unter den Teig rühren.

3 Die entkernte und gehackte Chilischote in den Teig geben.

4 Das Mehl, die Speisestärke und das Backpulver in eine Schüssel sieben. Das Mehlgemisch esslöffelweise abwechselnd mit der Milch und der Hälfte der Pecannüsse in den Teig rühren.

5 Den Teig in eine gefettete Kastenform (Länge ca. 30 cm) füllen, glatt streichen und mit den restlichen Pecannüssen bestreuen.

6 Den Kuchen im auf 180 °C vorgeheizten Backofen (Ober-/Unterhitze) ca. 1 Stunde backen. Nach ca. 50 Minuten Backzeit die Kuchenoberseite mit dem verquirlten Eigelb bestreichen.

7 Den Kuchen aus dem Ofen nehmen und abkühlen lassen, dann auf ein Gitter stürzen. Den Kuchen in Stücke schneiden und mit Ahornsirup servieren.

C115 JALAPEÑO-SCHOKOLADE

Zutaten für 1 Drink

120 ml heiße Schokolade

40 ml Kokossirup

1 frische rote Jalapeño-Chili

2 EL geschlagene Sahne

etwas Kakaopulver

Die heiße Schokolade mit dem Kokossirup und der entkernten, fein gehackten Chilischote aufmixen. Die Jalapeño-Schokolade in ein Glas füllen, mit Schlagsahne bedecken und mit Kakaopulver bestreuen.

C116 KAKAOSCHNITTE MIT CHILI-BANANEN

Zutaten für 6–8 Personen

240 g Bitterschokolade (mindestens 60 % Kakao)

240 g Butter

8 Eier

300 g Kristallzucker

200 g glattes Weizenmehl

1 Msp. Backpulver

2 EL Kakaopulver

2 Bananen

3 EL flüssiger Honig

1 frische rote Carmen-Chili

½ Zitrone

1 Die gehackte Schokolade über einem heißen Wasserbad schmelzen. Die gewürfelte Butter in der flüssigen Schokolade auflösen.

2 Die Eigelbe mit dem Zucker schaumig rühren. Abwechselnd Mehl, Backpulver, Kakao und flüssige Schokoladen-Butter unterrühren.

3 Die Eiweiße zu steifem Schnee schlagen und unter die Eigelbmasse heben.

4 Den Teig in eine gefettete Springform (Durchmesser 26 cm) füllen und im auf 150 °C vorgeheizten Backofen (Ober-/Unterhitze) 60 bis 70 Minuten backen.

5 Die Bananen schälen und in Scheiben schneiden. Den Honig in einem Topf erhitzen und die entkernte, gehackte Chilischote dazugeben. Die Bananenscheiben unter den Chili-Honig mengen und mit Zitronensaft abschmecken.

6 Den lauwarmen Kuchen mit den Bananen anrichten und servieren.

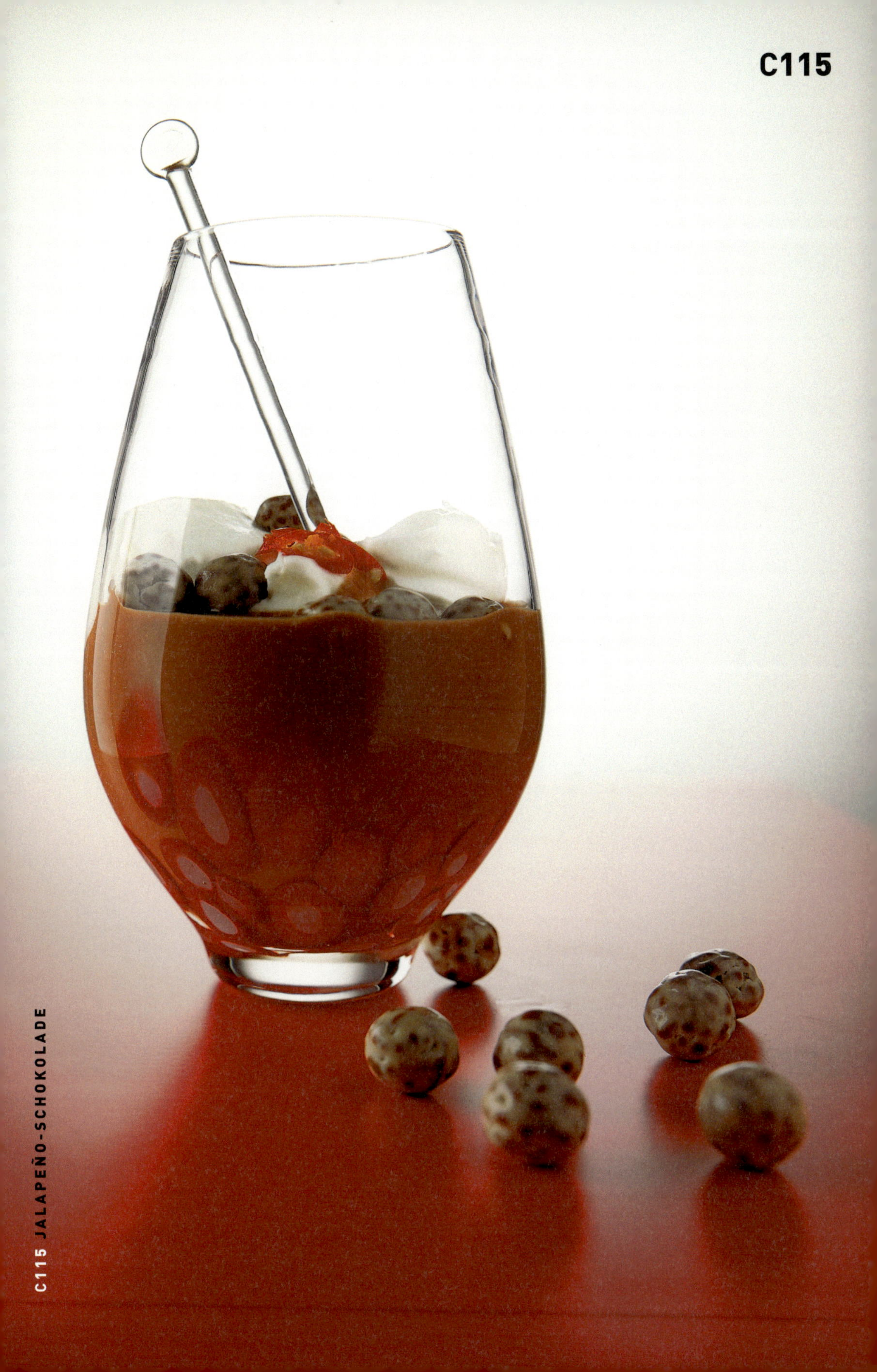

C115 JALAPEÑO-SCHOKOLADE

COCKTAILS

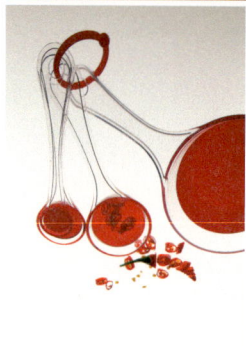

COCKTAILS

C117 WODKA-CHILI

Zutaten für 1 Drink

½ frische rote Thai-Chili

20 ml Wodka

15 ml Grenadinesirup

20 ml Martini Dry

10 ml Limettensaft

150 ml Tomatensaft

Eiswürfel

C118 HEISSE KARIBIK (CHILI-PIÑA-COLADA)

Zutaten für 1 Drink

1 frische rote Carmen-Chili

10 ml flüssige Sahne

40 ml Coconut Cream

90 ml Ananassaft

40 ml weißer Rum

Eiswürfel

Die entkernte und geschnittene Chilischote zusammen mit allen Zutaten in einem mit Eis gefüllten Shaker gut aufschütteln. Den Cocktail durch ein Sieb in ein Cocktailglas gießen und servieren.

C119 MANGO-CHILI

Zutaten für 1 Drink

1 frische rote Carmen-Chili

20 ml flüssige Sahne

80 ml Orangensaft

80 ml Mangosaft

20 ml Kokossirup

20 ml Wodka

Eiswürfel

Die entkernte und geschnittene Chilischote zusammen mit allen Zutaten in einem mit Eis gefüllten Shaker gut aufschütteln. Den Mango-Chili in einem Longdrinkglas auf Crushed Ice servieren.

C120 ORANGENMARGARITA MIT CHILI

Zutaten für 1 Drink

1 frische rote Carmen-Chili

40 ml weißer Tequila

30 ml Cointreau

20 ml Zitronensaft

40 ml Orangensaft

Eiswürfel

Crushed Ice

Die entkernte und geschnittene Chilischote zusammen mit allen Zutaten in einem mit Eiswürfeln gefüllten Shaker gut aufschütteln. Die Orangenmargarita in ein Longdrinkglas mit Crushed Ice abseihen und servieren.

C121 THE REAL ZOMBIE

Zutaten für 1 Drink

1 frische rote Carmen-Chili

10 ml Grenadinesirup

20 ml Cointreau

20 ml Maracujasirup

40 ml brauner Rum

20 ml Orangensaft

20 ml Ananassaft

20 ml Overproof-Rum (73 %)

40 ml weißer Rum

Eiswürfel

Die entkernte und geschnittene Chilischote zusammen mit allen Zutaten in einem mit Eis gefüllten Shaker gut aufschütteln. Den Real Zombie durch ein Sieb in ein Cocktailglas gießen und servieren.

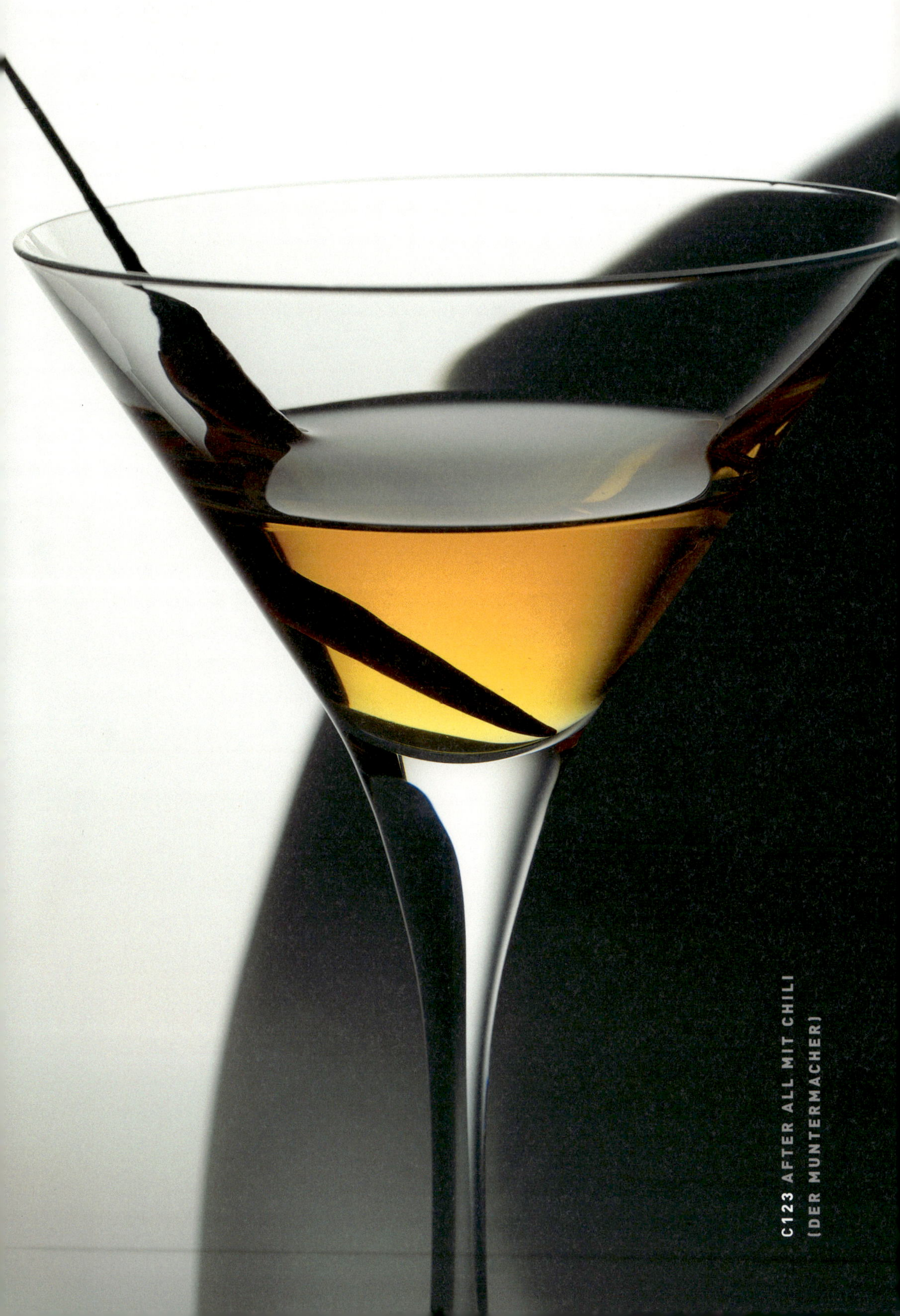

C123 AFTER ALL MIT CHILI
(DER MUNTERMACHER)

C122 ALABAMA CHILI FRUIT SHOT

Zutaten für 1 Drink

½ frische rote Carmen-Chili

10 ml Brombeerlikör

10 ml Southern Comfort

10 ml Ananassaft

Eiswürfel

Die entkernte und geschnittene Chilischote zusammen mit allen Zutaten in einem mit Eis gefüllten Shaker gut aufschütteln. Den Shot durch ein Sieb in ein kleines Becherglas gießen und servieren.

C123 AFTER ALL MIT CHILI (DER MUNTERMACHER)

Zutaten für 1 Drink

½ frische rote Carmen-Chili

40 ml Calvados

20 ml Zitronensaft

30 ml Peach Brandy

Eiswürfel

Die entkernte und geschnittene Chilischote zusammen mit allen Zutaten in einem mit Eis gefüllten Shaker gut aufschütteln. Den After All durch ein Sieb in ein Cocktailglas gießen und servieren.

C124 CHILI-BLOODY-MARY

Zutaten für 1 Drink

1 frische rote Carmen-Chili

50 ml Wodka

1 TL Worcestersauce

20 ml Zitronensaft

1 Prise Paprikapulver

140 ml Tomatensaft

Eiswürfel

1 Selleriestange

Die entkernte und geschnittene Chilischote zusammen mit allen Zutaten in einem mit Eis gefüllten Shaker gut aufschütteln. Die Chili-Bloody-Mary durch ein Sieb in ein Cocktailglas gießen, mit Stangensellerie garnieren und servieren.

C125 ORANGE CHILI MOON

Zutaten für 1 Drink

½ frische rote Carmen-Chili

40 ml Wodka

20 ml Erdbeersirup

40 ml Grapefruitsaft

60 ml Orangensaft

40 ml Ananassaft

20 ml Galliano (italienischer Vanillelikör)

Eiswürfel

Die entkernte und geschnittene Chilischote zusammen mit allen Zutaten in einem mit Eis gefüllten Shaker gut aufschütteln. Den Orange Chili Moon durch ein Sieb in ein Cocktailglas gießen und servieren.

REGISTER

DANK DER FOTOGRAFIN
Tausend Dank für die großzügige Ausstattung mit
Geschirr: Blaulicht, Marc-Aurel-Str. 3, A-1010 Wien / Kunst und Kram,
Bauernmarkt 11–13, A-1010 Wien / Scandinavian Design House, Rudolfsplatz
13a, A-1010 Wien // Für die großzügige Ausstattung mit Designmöbeln:
Blaha Büromöbel, Klein-Engersdorfer-Str. 100, A-2100 Korneuburg // Für die
Belieferung mit Chilis jeder Art und Farbe: Gärtnerei Bach, Contiweg 165,
A-1220 Wien

www.collection-rolf-heyne.de

Copyright © 2013 by Collection Rolf Heyne GmbH & Co. KG, München

Komplett überarbeitete Neuauflage des unter der ISBN 978-3-89910-333-5 erschienenen Titels.

Fotografie: Luzia Ellert, Wien
Foodstyling: Gabriele Halper, Wien
Text: Ingo Swoboda, Eltville am Rhein
Redaktion der Rezepte: Irmgard Rumberger, Ramerberg
Lithografie: Lorenz & Zeller, Inning am Ammersee
Druck und Bindung: Printer Trento, Trento

Printed in Italy

ISBN 978-3-89910-576-6